최신 히트송·트로트·포크
K·POP

일신서적출판사

차 례

인기 K-POP

온기

임영웅 더블 싱글 - 온기 -

임영웅, 김이나 작사
임영웅, 김수형, 황선호 작곡
임영웅 노래

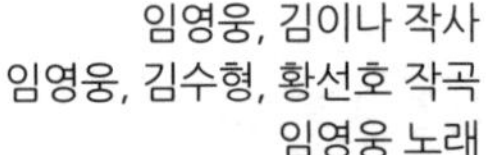

먼 - 길을 떠났-어 도 아무리 긴 - 시간-이흘-러
도 이길끝 에 떠오르는 태양을 만 날-때까지
난 곁에있 겠 어 요
힘겨 운 걸음으로 먼 길 을걸었는데 가고
싶 은곳-은어-디였-는 지 세상 이 지독-하게 그댈
혼 자둘 때엔- 단 하 나만 기억 해 요 아무리
먼 - 길을 떠났-어 도 아무리 긴 - 시간-이흘-러
도 이길끝 에 떠오르는 태양을 만 날-때까지

난 곁에있 어 요 - - -
혼자 - 인것 - 같 아 - - - 그어둠속 - 에
단 한번 - 의용 기 단한사람의온기 그작은시작이돼 - 줄 - 수있
어 - - 또다시 먼 길 을떠 - 나
도 한번더 긴 시 간이 가 도 이길끝
에 떠오르는 태양을 만 날 - 때까 지 난 - 곁에있 겠 어
요 나 곁에있 어 요

Home

임영웅 더블 싱글 – 온기 –

임영웅, X-CHILD 작사
X-CHILD 작곡
임영웅 노래

♩= 130
쓸쓸한 - 거리에 - 외로움이더 쌓이고
사람도 이 밤 도- 사랑 찾 아헤 - 매이- 네 그대
마 - 음 이 - 허전 하 다 - 면 - 밤하
마 - 음 이 - 지쳐 있 다 - 면 - 단하
늘 의 별을보며 - 날 떠올려요 - 난 곁 에있어 - 그 댄 -
루 도 울지말고 - 날 떠올려요 - 난 곁 에있어 - 그 댄 -

나 의 친 구야 - 비오는 - 날 우산 이되어 - 줘 해 가 -
뜨 는 날 에는 - 널 지켜줄게 - - when I
go shin - ing star - and I go don't stop ba
-by 평 생 - 너 -와 - 함 께 하 -리 - 라 우워어
-
쓸쓸한 - 거리에 - 외로움이더쌓
이고 사람도 이밤 도- 사랑찾 아헤 -매이네

그대 when you feel - so a - lone   re-
mem - ber that - I'm with - you   너와함 - 께 라-면 어
- 디 든 - 내가갈 - 게 -   어디든 - 다갈 - 게 -
-    그 댄 - 나 의 친 구야 -   비오는
- 날 우 산 이되어 - 줘   해 가 - 뜨 는 날 에 는
- 널 지켜줄게 -   - when I go   shin-ing star
-    and I go   don't stop ba - by   평 생 -
너 - 와 - 함 께 하 - 리 - 라   -

다시 만날 수 있을까

임영웅 1집 - IM HERO -

D /F♯ G   Em7   A7sus4   D
붙잡을- 마음- 이야- 없었

Bm7   F♯m7   G   D
-겠냐-마-는- 그때난부 -끄 -   러 웠다 -   떳떳하- 게일- 어나- 널다

Bm7   F♯m7   G   D/F♯
- 시찾- 아-갈- 뜨거운꿈 -만 -   꾸었 -다 -   둘이

Em7   D/F♯   G   Em7   D/F♯
함 께했- 던순- 간순-간이 -   시린 폭 포처- 럼쏟- 아지- 는날

G   A7sus4   G/A A G/B A/C♯   2.Em7   D/F♯
- 그언- 젠가 -   우리만 날수 품 에안- 고서- 하염없

G   A7sus4   G/B   A/C♯   D   /F♯
이 -눈물 만   흘려- 볼까 - 그리운 마음이-   서럽게흘- -러넘쳐

G   E/G♯   A7sus4   Em7   D/F♯
- 너에게닿- 을 때   우리만 날수 품 에안- 고서- 하염없
D.S. al Coda

G   A7sus4   G/B A/C♯ Bm F♯m/A G   A7sus4 Dadd9
이 -눈물 만   흘려- 볼까

두 주먹

미스터트롯 임영웅

윤태지 작사
박현진 작곡
임영웅 노래

사 - 는 당신 -   오래도록내옆에있 - 어 -주 세요
- 함께가는길이 아 - 무리험 해도 -
내 가 당신 꼭 - 안고갈 게요 -   진
-짜진짜사 랑이 -   무 엇-인 가를 -   당 신 손 에꼭
- 쥐어주고 싶 -어-   꼭 쥔 주 먹을 -   내
- 밀 어-봐요 -   두 주 먹을 내가내가 - 움 -켜쥐고갈 게요
-   -   두 주 먹을 내가내가-
꼭 안고 갈 게 - 요   두 주먹-

무지개

임영웅 1집 - IM HERO -

멧돼지, 김시온 작사
멧돼지, 김시온 작곡
임영웅 노래

Hey   ooh
A♭7
빠라 빠라 빠라-빠라 빠 빠   빠 빠빠-바 빠-빠바 빠
E♭sus4
우리 함 께 가 요   du du du-du du-   행 복 가 득 담 은
(배 낭 하 나-메 고   서)
배 낭하나- 메 고 서 답 답 했 던 일 상 과 도심을-벗 어-나-
(일 - 상 과)
du du du-du du- du du-du   떠 나볼-래요 -   우 리 함 께 가 요
du du du-du du-
Du du du-du du-du du-du 떠나볼-래요 -   du du du-du du-du du-du
떠나볼-래요-   du du du-du du-du du-du 지금떠- 나 - 요--- -

별빛 같은 나의 사랑아

미스터트롯 임영웅

설운도 작사 · 작곡
임영웅 노래

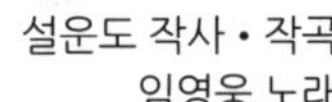

밤 - 하늘 에 - 빛 - 나는 별 - 빛같은-나의 사 - 랑아 당
신 은 -나- 의 영-원 한 사 랑 사랑해
요 사랑해 요 - - - 날 믿 - 고따-라-준사 람 고
마 - 워요 행복합 니 - 다- 왜-이 - 리눈 물-이나요
요 왜- 이 - 리눈 물-이 - 나 요
-

보금자리

임영웅 1집 - IM HERO -

박진복 작사
박상철 작곡
임영웅 노래

아 무 것 도 - 바 라 지 않 - - 아 - 요
당 신만있으면 - - 돼 -
한눈팔지않 고 - 사랑 할 래요
- -
돈 도 필요없 어
백 도 - 필요없 어
당 신만 있 으 - 면 -
- 돼 - -
당 신만 있 으 - 면 - - 돼 - -

사랑역

임영웅 1집 - IM HERO -

박정란 작사
박용진 작곡
임영웅 노래

아 - - 사랑 - 역 나 에 겐눈 - 물 - - 역 -
남 은 짐 - 구겨넣고 돌아서는내 - 모습
- 이 - 마 주 친 대 합 실 창 - 너 머 로
쓸 쓸 히웃음짓는 - 다 아 - 아 - - 사랑 - 역 나
에 겐눈 - 물 - - 역 - D.S. al Coda - 역 - 나
에 겐눈 - 물 - - 역 - (사 랑 역)

이제 나만 믿어요

미스터트롯 임영웅

김이나 작사
조영수 작곡
임영웅 노래

그대가되어서 내게와준거 야   굿은비가오 게 이젠나만- -믿어-
-요 -   나의 마 - 지막 주인 공이되어 - 다신
누구앞 에서도그대는고개숙 이지마요 - - 내가 보 지못 했던 홀로
고단했던 시간   고 맙-고 미 안-해-요 - 사랑해
요 - 이세상- 은   우리를 두 고-오랜장 난-을했
고   우린속 지않은거 야   이제울 지마 요   좋을땐
밤 새-도록맘 껏-웃어 요   전부그대- -꺼니 까
그대는걱 정-말아 요   이젠나만- 믿어 요 -

히어로

임영웅 1집 - IM HERO -

손창학 작사
김시온, 멧돼지 작곡
임영웅 노래

F# G#m E B F#
- 공기를가 - 르며와닿-는 - 바람의향 -기가느껴-지니 -- 이렇게 al
G#m E B F# 2.G#m
-ways- al -ways- 내가 너를지켜줄- 테니 - 나를믿고 Let's go
E B F# G#m E
go right a-way- right a-way--- When we go go go far a-way
B F# EM7 B
- far a-way - 참 다행이-지나 -의- 옆이 너 -라-서
B EM7 C#m7
--- 내 어 깨 -에기 대 어 손 -을 -꼭-잡고 같
F#7sus4 F#7
이 어 -디-로-든-가- 자 나를믿고
G#m E B F# G#m7
가 오 - 오 -- 오-- 오-- 거친세상 이지만 나를믿고 가 오 - 오-
E B F# B F#
D.S. al Coda
- 오오오- - 나와함 께라면 rea-dy to go - far a-way-

계단 말고 엘리베이터

미스터트롯 임영웅

박진복 작사
정성헌 작곡
임영웅 노래

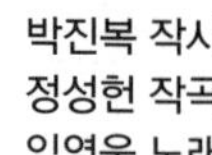

더늦 기전 에 돌아 와 - 요 빨 리빨리오세 요 - -
사랑아 - 멀 어진 나의 - 사랑아
내님아 - 보 고픈 나의 - 사람아 -
어 허 야 내 가내가간다 - 그리운내님곁 으로 - 늦
- 기 전에 더늦기전에 계 단 말 고
엘리 - 베 이 터 계 단
말 고 엘리 - 베 이 터

고리

조은희 작사
Always KOALA, Nubi 작곡
정동원 노래

- 요 -
간
절 할 수록 외로 워지고
외 로울 수록 간절 해지
는
텅 빈 내 마음-
당 신 아 니면-
아
무 도 채 워줄- 수 없 어요 -
우 리 가
만나운
명 인 가요-
운명이
라 만 난 건 가요 - - -
아 픔
이
정녕사 랑
인 가요 -
사랑이
아 픔 인 - 가
- 요 -
시 작 도
끝도없 는 고리로-
우리
는
이 어 져있어 - 요 -

누나가 딱이야

미스터트롯 영탁

배은정, 이재규 작사
홍정수, 이재규 작곡
영 탁 노래

딱 이- 야 - 내 품에 딱 이- 야 - 오 늘부터우린
자 기- 야 - 남 자 답-게 - 책 임 질-게 -
나 만믿고따라 와 누 나 가 딱 이- 야 - 내 눈에
딱 이- 야 - 오 늘부터우린 짝 이- 야 - 못
이 긴-척 - 안 겨줄-래 - 내 겐 딱 딱 누나가 딱 이야
- - - 누 나 가
짝이- 야 - 못 이긴-척 - 안 겨줄-래 - 내 겐 딱 딱
넌 내 가 딱 이 야 - -

꼰대라떼
미스터트롯 영탁

홍정수, 김희진, 이재규 작사 · 작곡
영 탁 노래

Disco

(라 - 떼라떼야   꼰 - 대라떼야   제 - 발그만꼰대라떼)

제발   그만그만 그만해 -   오늘도시작되는 꼰 대 라 떼 -

아침에한잔   점 - 심에세잔 -   저녁엔열잔이나 마셨는데 -
아침에번쩍   점 - 심에헤롱 -   저녁엔내정신이 어딜갔나 -

뻔뻔하게 - 뻔하게 반 복 - 되는   하루가 - 지나간 - 다 -

왕년에내가 말 - 하신다면 -   오늘도시작이구 - 나 -

니까짓게 뭘알아 궁금하시면 -   라떼를한잔 드세 요 -

라떼라떼라떼라떼 라떼는말이야 라 – 떼라떼라떼라떼 라떼는말이야
1,2. 아침부터 시 – 작 되는 – 꼰 대 – 라 떼 –
(D.S.) 하루종일 계 – 속 되는 –
라떼라떼라떼라떼 라떼는말이야 라 – 떼라떼라뗀말이 야 – – –
제발 그만그만 그만해 – 오늘도반복되는 꼰 대 라 떼
–
(이 – 제그만꼰대라 떼)
리필은 됐습니다 꼰 대 라 떼 –

니가 왜 거기서 나와

미스터트롯 영탁

구희상, 지광민, 박영탁 작사 · 작곡
영　탁 노래

Em
F#7sus4
이게누구십니까 - - -   -
너네집불교잖아 - - -   -
F#7
Bm
G
니가왜거기서나 와 - -   니가왜거기서나 와 -
G
Em
F#7
내눈을의심해보 고   보고또보아 도   딱봐도너야 -   오마이 너
F#7
Bm
G
야니가왜거기서나 와 - -   니가왜거기서나 와 -
G
Em
F#7
사랑을믿었었는 데   발등을찍혔 네 - -   그래 너   그래너   야
F#7
Bm
Bm
너이런건사랑이아 냐 - -   D.S. 냐 - -   그래
F#7
Bm
너   그래너   야 너니가왜거기서나 와 - -

신사답게

영탁 1st 앨범 - MMM -

지광민, 영 탁 작사 · 작곡
영 탁 노래

멘 탈 이 외 모 라 면 나 는 Tom Har-dy 수 트 밑 에 감 춰 진 My
bod-y 신 사 답 게 - Man-ners make-th
man- - - - 언 제 나 변 함 없 는 Class-ic 의 가 치
이 시 대 의 멋 진 젊 은 이 신 사 답 게 - - -
- 이 티 하 나 만 걸 쳐 도
태 가 나 는 남 자 얼 굴 보 단 실 - 력 이 핸 - 섬 한 남 자
어 제 보 단 오 늘 이 더 빛 - 나 는 남 자 편 하 지 만 쉽 지 않 은
남 자 신 사 답 이 신 사 답 게 -
D.S. al Coda

이불

지광민, 영 탁 작사 · 작곡
영 탁 노래

도닥 도닥 내 사 람 아- 고운꿈 만-꾸길- 바라오
이리 저리 부는 - 바
람 에 - 휘 청 이며 - 걸어- 왔 구-려 -
그 대-혼 자-외로이- 어 둔-밤 에- 쓸쓸히 눈 물-속에- 잠을- 청
할-때 - 나는 나 의품에안 - 기-어 고운
꿈 -만 꾸길- 바라 오 - - - oh
도닥 도닥 내 사
람 아- 당 신-옆엔 내 가 - 있 다 -오-

니편이야

영 탁, 지광민 작사
영 탁, 지광민 작곡
영 탁 노래

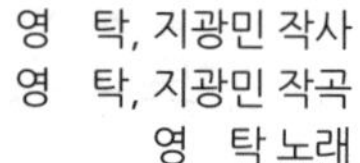

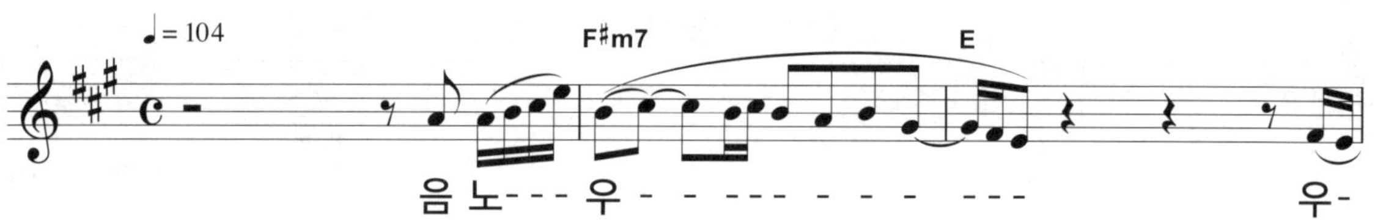

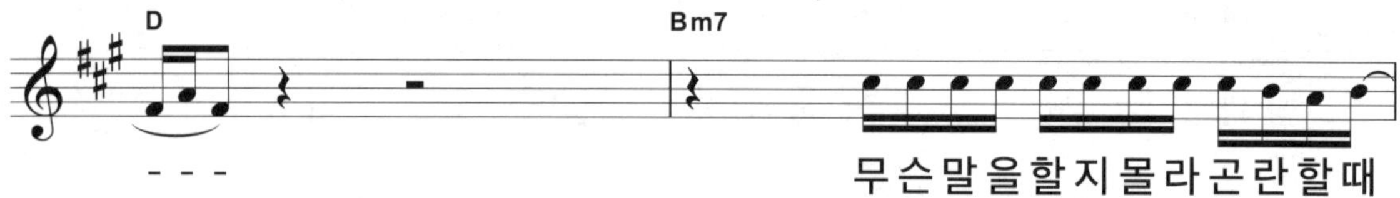

오 내일 눈을 뜰 때 - 우린 또 멋진 곳에 - 닿아 있 - 을 거야
- 난 니 편이야
난 니 편이야 우리는 인 연이야
니가 어 디 에 있 - - 든 네게 무 슨 일 있 -
- 든 너를 보는 시 선 들 이 괴 롭 힐 때
- 도 넌 내 뒤 에 숨어 봐 난 익 숙 한 편이야 - 음 - -
끝 도 없 이 떨 어 지 며 철 렁 할 때 - 도 - - 날 고 있 다
말 해 봐 결 국 한 끗 차 이 야 노 - - - - - - - - 아 무 리 노 크 를 해 도

- 열 리 지 않 는 문 도 - 뭐 괜 찮 아 - 괜 찮 아 - - - -
어 디 를 가 더 라 도 - 함 께 인 기 억 은 가 득 - 차 - 있 - 을 거 야
- - 난 니 편 이 야 - 든
우 리 둘 이 걸 어 가 는 거 야 - - - 저 뜨 거 운 햇 살 과 그
림 자 처 럼 - - - - - 우 리 만 아 는 그 런 거 있 잖 아 - - 오 래 -
- 된 사 이 잖 아 - - - -
난 니 편 이 야

꿀맛

미스트롯 정미애

신유진 작사
임강현 작곡
정미애 노래

남자는 말합니다

미스터트롯 장민호

윤명선 작사
양 주 작곡
장민호 노래

자 여 -
고운얼굴-에 쓰여진-슬픈 이야-기 오늘
밤 에-지워봅시- -다 -
나란-사람하나만믿고같
이 살-아-온
바보같이착한 -사-람 아
남자는말합니다 고맙구- 요 감사해요 오-직 나 만- -아는 -사람
- 아- -
나란-사람하나만믿고같 이 살-아-온
바보같이 착한 -사-람 아
남자는말합니다 고맙구-
요 감사해요 오-직나 만- -아는- 사람 -아- -
오로지 나 만- -아는- - - - 사
- 람- -아 -

편의점

미스터트롯 이찬원

사마천 작사
홍진영 작곡
이찬원 노래

홀로가는내인생 위로 하 - 네 우리동 네 - 편의 - 점 -
사랑 땜 - 에 - 외롭 고 - 돈 때문에 힘이들 - 때
삼 각김밥 라면하나 - 사는게다그런거 지 - -
홀로가는 내인생 위로 하네 - 우리동 네 - 편의 - 점 -
홀로가는내인생 위로 하 - 네 우리동네 - 편의 - 점 -
-

힘을 내세요

이찬원 FIRST MINI ALBUM -..선물 -

피터맨, 똘아이박 작사
똘아이박 작곡
이찬원 노래

요   살다 보 면-   좋은 날 이- 와 요
모 두 다 힘을 내- 세 요   -   힘을 내- 세 요
힘을 내- 세 요   아 무 리 힘이 들- 어 도
언 젠 가 쨍 하 고   해뜰 날이 와 요   오 늘 도 힘을 내- 세
요   힘을 내- 세 요   힘을 내- 세 요
아 무 리 힘이 들- 어 도   언 젠 가 쨍 하 고
해뜰 날이 와 요   오 늘 도 힘을 내- 세 요- - - -
모 두 다 힘을 내- 세 요   (힘   을 내)

딱풀

미스터트롯 이찬원

Famous Bro 작사
HYMAX, 최정민, Famous Bro 작곡
이찬원 노래

붙 어라 - (딱) 붙 어 있 어라 -   딱 딱 딱 딱 딱 붙 - 어있어
-라 -
붙 어라 -   붙 어라 -   붙 어라 -   붙 어라 -
붙 어라 -   붙 어라 -   붙 어라 - -   붙 어라 - (딱)
붙 어라 - (딱) 붙 어 있 어라 -   내 마-음 에붙 - 을 붙여라
-     붙 어라 - (딱) 붙 어라 - (딱) 붙 어 있 어라 -
딱 딱 딱 딱 딱 붙 - 어있어 -   딱 딱 딱 딱
딱 붙 - 어있어 - - 라 -

메밀꽃 필 무렵

이찬원 FIRST MINI ALBUM -..선물 -

불꽃남자 작사
고성진, PUNCH 작곡
이찬원 노래

내 사랑은 - 지금-어디 에   슬픈 초승 달이 기울-면   하얀
메밀꽃길 - 따라 서   그댈 찾아 떠나 - - 가겠-소 -
처음 가는 세- 상   나- 길잃을지 -모르 - 니   그대가 꼭 - 마중 - 나와
- 주- - 오-   그대 떠나던 - 그 날의아침-은   귀 뚜-라미- 마저-   조-용해 -
떠나는 발 소-리   하 나-없었던- -   마지막 내 당신- 의모 습- -
그대가 꼭- 마중 - 나와 -주-오   그대가 꼭- 마중 - -
나와 -주-오

찍어

미스트롯 송가인

김현아, 조영수 작사
이유진, 조영수 작곡
송가인 노래

난될때까지 찍어-
사 랑 도 인 생- 도 내가 만 들 어-갈 래-
후회없도록 미 련없도록 하나뿐인내인 생 -
아름다운 내 - - - 사 랑- - 반짝 이는내인생이- 여-
- 금도끼로찍 - 어 은도끼로찍 - 어 내사전에포기는없
어 오 난될때까지 찍어-
난될때까지 찍어-

엄마 아리랑

미스트롯 송가인

윤명선 작사 · 작곡
송가인 노래

사 랑 음 사 랑 음 엄마 아--리 랑
아리 아리 랑 아라 리 -요 쓰리쓰리랑 아라 리 -요
우리엄 마- 사랑은아 리랑 엄마 아--리 랑 랑
D.S.
엄 마 - 엄 마 - 우리 - 어 머니-
- 아-- -- 리 - 랑
- 에 야-- 디 야 에헤야디야디야 에야--디야
에헤야디야디야 에 야--디 야 에헤야디야디야 엄마 아--리
랑

여기요

미스트롯 홍자

소유찬, 이단옆차기4,
REAL FANTASY, BULLSEYE 작사 · 작곡
홍 자 노래

요 - - 그대찾는 사 람 하나뿐인 사 람 여기있어 -요-
여 기 요 - - 여기있어 요 - - 진심어린
사 랑 하나뿐인 사 랑 여기있어 -요-
고 민할 필요
없어 요 - 당신을위한 사 람 거 기저 기도 아니 에요
운 명같은 사 랑-- 아 여 기 요 - -
여기있어 요 - - 그대찾는 사 람 하나뿐인 사 람 여기있어
-요- 여 기 요 - - 여기있어 요 - -
진심어린 사 랑 하나뿐인 사 랑 여기있어 -요-

여백

미스터트롯 정동원

김종환 작사 · 작곡
정동원 노래

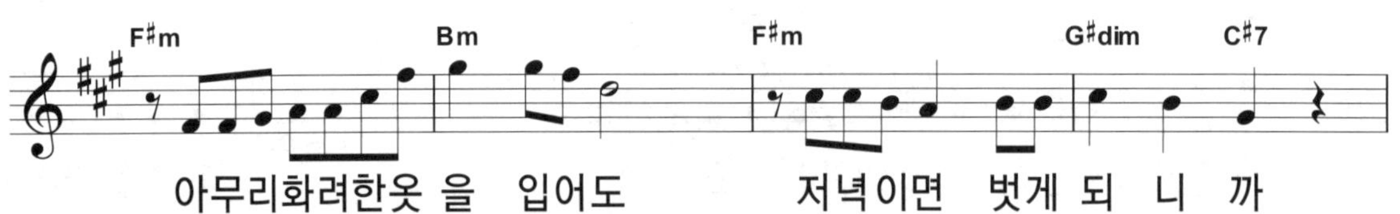

그 게인생인거 야   전화기충 전은 잘하면서
내삶은충전하지 못하고사-네   마음에 여백이 없   어서
인생을 쫓기듯 그 렸 네
그 렸   네   마지막 남은나의
인 생은   -아름답게   -   -
피 우 리 -   라   -

가슴 아프게

미스트롯 정다경

간대요 글쎄

조동산 작사
원희명 작곡
이태호 노래

갈대의 순정

오민우 작사 · 작곡
박일남 노래
Trot
C
G7
F
G7
C
F
G7
C
C
C
G7
C
C
F
G7
C
F
C
G7
C
Am
G7
C
G7
C
16
C
D.S.
사 나－이 우는마 음－－
말 없－이 떠난여 인－－
을 그 누－가 아－－－ 라 － 바가
이 눈 물－을 아－－－ 라 － 가
람 에－ 흔들리 는 갈대－의 순－정 －
슴 에－ 파고드 는 갈대－의 순－정 －
사랑엔 약한것이 사나이마 음 울지를 마－－－－
눈물엔 약한것이 사나이마 음 울지를 마－－－－
라 － 아 － 아－－ 아－－－－－ －
갈대－의 순－정 － 정 －

갈무리

나훈아 작사 · 작곡
나훈아 노래

거기까지만

미스트롯 송가인

김병걸 작사
이충재 작곡
송가인 노래

거기-까지 만 거 기 까지-만 - 말한-다고-
해- - 놓 - 고 내마 음- 속 속-들이
열어-보였 네
들키고-말았 네 사랑-하기-- 때---문---에
잡기도 하 고 놓기도 - 하 는
변덕-스런 그대의장난 앞 - 에- 만나-면그냥
무너지는이마음을 알-고있--는 당 신 이- 미-워-미워
- 요 - 만 나-면그냥 무너지는이마음을 알-고있-
-는 당 신 이- 미-워-미워- 요 -

거울도 안보는 여자

김동주 작사
김영광 작곡
태진아 노래

고장난 벽시계

미스터트롯 패밀리가 떴다

윤중민 작사
박성훈 작곡
나훈아 노래

한 - 두번 사랑 - - 땜에 울고났 더 - - 니 -
뜬 - 구름 쫓아 - - 가다 돌아봤 더 - - 니 -
저만 큼 가버 - 린 세 - 월
어느 새 흘러 - 간 청 - 춘
고장 난 벽 시계 는 멈추었 는 데 저세
월 은 - 고장 도 없 네
고장 난 벽 시계 는 멈추었 는 데 저세
월 은 - 고장 도 없 네

곤드레 만드레

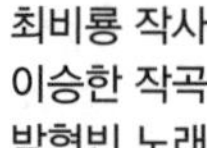

최비룡 작사
이승한 작곡
박현빈 노래

곤 드 레 - 만 드 레   나
는 취 - 해버렸 - 어 -   너 의사랑 - 의   향 기속에
빠 져 버렸어 - -
가진것 - 은   없다지
내세울 - 것   없다지
- 만   사랑으 - 로   감싸줄 - 게   진심어 - 린   마음하
- 만   네곁에 - 서   있어줄 - 게   변함없 - 는   그림자
- 나   나는 너 를 - 사랑해 -   비오는 - 날   흐린날
- 로   영 원 히 - 사랑해 -

-도 햇살처 -럼 안아줄 -게- 너의 -흔 들리 는
사 랑을 꽃으로피 워줘 - 다시는 너 를 울리-지
않을-거야 나 의여자-로 만들-거야 내 겐 언제-나
너뿐-이야 웃으며내 게 돌아와줘 - 곤 드
레 만 드 레 나 는 취- 해버렸 -어-
너 의사랑 -의 향기속에 빠 져 버렸 어 - 곤 드
레 만 드 레 나 는 지-쳐버렸 -어-
나 의심장 -이 멎 기전에 제 발 돌아와 -
Last time Rep.
Last time Rep.
D.S.

그 겨울의 찻집

양인자 작사
김희갑 작곡
조용필 노래

그때 그사람

심수봉 작사 · 작곡
심수봉 노래
Swing
비가오면 생각나 든 그사 람- 언 제나
그어느날 차 안 에서내게물었 지- 세상에서
말 이 없던 그사 람- 사 랑의 괴 로움을
제일슬 픈 게 뭐냐 고- 사 랑보 다 더 슬픈건
몰 래 감-추고 - 떠 난사 람 못 잊 어서 울 던 그사 람
정 - 이-라며 - 고 -개 를 떨 - 구던 그 때 그사 람
- 외 로 운 병 실 -에서 기 타를 쳐주고 -
- 외 로 운 내 가 -슴에 살 며시다가와서 -
위로하며 다정 -했 던-사 랑 한 사람 - 안 녕이 란
언제라도 감싸 -주 던- 다 정 했던 사람 - 그 러니 까
단 한 마 디 말 도없 이- 지 금은 어 디 에 서
미 워 하 면 안 되겠 지- 다 시 는 생 각 해서도
행복할 까- 어 쩌 다 한 번 쯤은 생 각 해 -줄
안되겠 지- 철 없 이 사 랑인줄 알 - 았 -었
까 지 금 도 보 고 싶 은 그 때 그사 람 -
네 이 제 는 잊 어 야할 그 때 그사 람 -
D.S. al Fine

나야 나

미스트롯 숙행, 미스터트롯 김수찬

나
밤늦은골 목길 - 외 쳐보 아도
- 젖 은그림자 - 바람에밀리 고
거리엔흔들리는 발자 국 - 어둠은내 리고
바람찬데 - 아 자 괜 찮아 - 나정 도면 -
나건들 아 자 괜 찮아 - 나정
도면 - 아자

나침반

김상길 작사
설운도 작곡
설운도 노래

Trot
종 로로갈 까
요 명동으로갈 까 요 차 라 리- 청량리로떠날까
요 - 많은사람오고가 는 을 지 로 에
서 떠나버린- 그 사 람 을 찾고- 있 어 요

아 이 쪽 저 쪽 사방팔방둘러봐 도 어쩌 다
닭 은사 람 한두명씩오고갈 - 뿐 아 내가 - 찾 는
그사람은어디있나 요 아무 리 찾 아봐 도
그사람은간곳이없 네 미아리로갈 까 요 영등포로갈 까
요 을지 로 길 모 퉁이에 나는- 서 있 네
-
을지로 길 모 퉁이에 나는- 서 있
네 -

난 정말 몰랐었네

김중순 작사
최병걸 작곡
최병걸 노래

날 버린 남자

박정환 작사
박성훈 작곡
하춘화 노래

사랑 이- 야 속하 더 라   가는-당신이
- 무정- 하더 라 - -   잡 지도못하 고
막 지도못하 고 어쩔수가없- 더 라   여자이 기
때 --문- 에   나를두 고 떠 나가 면
떠나버 리- 면   정 때문에 나 는어-떡 해
날울 린남 자 날버 린남 자 사랑한게잘못이더
라   사랑한 게- 잘 못이 더- 라
Fine   D.C.

남자는 배 여자는 항구

심수봉 작사 · 작곡
심수봉 노래

떠 나 가 는 남 자 가 무 슨 말을해 뱃 고 동 소 리 도 울
눈 멀 도 록 바 다 만 지 키 게 하고 사 랑 했 었 단 말 은
리 - 지 마 세 요 - 하 루 하 루
하 지 도 마 세 요 - 못 견 디 게
바 다 만 바 라 보 다 눈 물 지 - 며 힘없이 돌아오 네
네 - 가 좋 - 다 고 달 콤 하 던 말 그대로 믿 - 었 나
남 자 는 남 자 는 다 모 두 가 그렇 게 다 아 아 아
남 자 는 남 자 는 다 모 두 가 그렇 게 다 아 아 아
아 이 별 의 눈 물 보 이 고 돌 아 서 면 잊 어 버 리 는
아 쓸 쓸 한 표 정 짓 - 고 돌 아 서 선 웃 어 버 리 는
남 잔 다 그 래 -
F.O.
D.S.

남자다잉
미스터트롯 이찬원 · 나태주
양인자 작사
차태일 작곡
남 진 노래
Go Go
Cm
G7
사-랑을보신일이 있 으십 니 까 - -
Fm
E♭
G7
어 디를찾아봐도 보이지 않아 - - - -
Cm
G7
희-망을보신일이 있 으십 니 까 - -
Fm
G
Cm
B♭
있 다고하는말은 들 었 는데 -
E♭
Cm
B♭
Cm
안된다안된다하 고 - - 홍이야홍이야하 고 - -
A♭
G7
그러거나말 거 나 견 디고 버 - 티고
G7
Cm
G7
위 하 여 우리는살아있어 위 하 여

오늘도살아있어위 하 여   크게한 번
웃 는- 거야 -   바 - -람 이 불면-
떠 나 는 우리 -   세상을향해다시 또한 번-
끝 까 지살아내 야   남 자 다 잉- - -
다 잉- - -   끝 까 지살아내
야 남 자 다 잉- - -   -

남자라는 이유로

미스터트롯 장민호

김순곤 작사
임종수 작곡
조항조 노래

이   남 자 라는이 유 로   묻어두고지 낸   그세
월 이- 너무길었 어
언제한번그런날올까요   가슴을열 고   소리-내어-울어울어볼
날 이 -   남 자 라는이 유 로   묻어두고지 낸   그세
월   이- 너무길 어 요

남행열차

김진룡 작사 · 작곡
김수희 노래

그때만난그사 람 - 말 - 이없던그사 람 -
자꾸만 멀어지는데 - -
만 날순없어 도 - 잊 지는말아 요 -
당 신을 사 랑했 어요 -
- - 만 날순없어 도 -
잊 지는말아 요 - 당 신을 사랑 했 어요 -
- - -

내 나이가 어때서

박무부 작사
정기수 작곡
오승근 노래

Go Go
B♭ Gm E♭ F
B♭ Gm E♭ F7
B♭ F7 B♭ F7
B♭ F7 Gm Cm E♭ F7
야 야 --야 내나이가어 때 서
B♭ Gm F7 B♭
사랑 에- 나이가있 나- 요
B♭ E♭
마 음은-하나- 요 느 낌도-하나- 요 --
Gm E♭ F7
그대만이정 말- 내 사랑 인- 데 -

눈 물이 -나네 -- 요   내나이가어 때- 서
사랑 -하기 딱 좋은-나인 - -데 -
어느날   우 --연히 - 거울속에비 쳐 -- 진
내모 -습을 - 바라 보 면- 서
세월아비 켜 - 라 - ---- 내나이가어 - 때 서
사랑 -하기 - 딱 좋은 -나인-- -데 -
사랑 -하기 - 딱 좋은 -나인 -데 -

네박자

미스터트롯 남승민

김동찬 작사
박현진 작곡
송대관 노래

Gm B♭ A7
사랑 도있 고 이별 도있 고 눈 물 도 있-네
Dm Gm Dm
한 구절한 고 비 꺾 어 -넘을 때
Gm B♭ A7
우 -리네 사연 을 담 는 -
Dm Gm
울고웃는인 생 사 연극같은세 상 사
울고웃는인 생 사 소설같은세 생 사
A7 Gm Dm Em7(♭5) A7 Dm
세상사 모두 가 네박자쿵 짝
A7 Dm
쿵 짝 쿵 짝 쿵 짜짜쿵 짝 네박-자 속-에
Gm B♭ A7
사랑 도있 고 이별 도있 고 눈 물 도 있-네
D.S. al Coda
Dm A7 Dm

내 마음 별과 같이

미스터트롯 이찬원

주일청 작사
박성훈, 임택수 작곡
현 철 노래

누가 울어

전 우 작사
나규호 작곡
배 호 노래

누이

미스터트롯 김경민 · 황윤성

이수진 작사
설운도 작곡
설운도 노래

다함께 차차차

김병걸 작사
이호섭 작곡
설운도 노래
Cha-Cha-Cha
어차 피- 잊 어야 할 사랑 - 이라 - 면
어차 피- 돌 아서 간 사랑 - 이라 - 면
돌아 - 서서 - 울 지마 라 눈물을 - 거둬 라
다시 - 는 - - 생 각마 라 눈물을 - 거둬 라
내일 은 내일 - 또다 - 시 새로 운
바람이 - 불 거야 - - 근 심을 털어놓고 다함께 차차 차
슬 픔을 묻어놓고 다함께 차차차
차차차 차차차 잊 자잊 자 -
오 - - 늘 - 만은 미련을 버 리자 - 울지 말 고 - 그 래그 - 럴
게 다함께 차차차
D.C.

달타령

미스트롯 정미애

신선지 작사
오영원 작곡
김부자 노래

당신
이성만 작사
김정수 작곡
김정수 노래
Slow Rock
내 품에 안 기어 곤히 잠 든그 대 여
내 가슴 에 묻혀 꿈을꾸 는그 대 여
어- 느덧 그대눈 가 에 도 주 름이 졌 네
야위 어진 그댈바 라 보 니
눈 물이 솟 네
고 왔던 여자의순 정을 이못 난 내게 바쳐주
고 한 마디 원망도 않 은채 긴 세월을- 보냈 지
난 맹세 하 리라 고생 많 은당 신 께 이 생명다하는
날 까지 그 대를 사랑하 리 리
D.S.

돌아와요 부산항에

황선우 작사 · 작곡
조용필 노래

Go Go

꽃 피 - -
가 고 - -

는   동 백 섬 - 에   봄 이 왔 건 - -
파   목 이 메 - 어   부 르 던 이 거리

만   -   형 제 떠 난   부 산 항
는   -   그 리 워 서   헤 메 이

에   갈매기 만 슬 피 - 우 - 네   -
던   긴긴날 의 꿈 이 - 였 - 지   -

오 륙 도 돌 아가 는   연락선 마 - 다   목메 어
언제 나 말 이없 는   저물결 들 - 도   부딪 혀

불 러봐 도 대답없는내 형제 여   돌 아 와 요
슬 퍼하 며 가는길을막 았었 지   돌 아 왔 다

부 산 항 에   그 리 운 내 형 - 제 - 여

여 -

또 만났네요

이건우 작사
김영광 작곡
주현미 노래

동반자

조성현 작사
태진아 작곡
태진아 노래

동백 아가씨

한산도 작사
백영호 작곡
이미자 노래
헤 일-
동 백-
수 없-이 수많 은밤 을 내 가슴 도려내 는
꽃 잎-에 새겨 진사 연 말 못할 그사연 을
아픔에 겨 워 얼 마-나 울었던- 가
가슴에 안 고 오 늘-도 기 다리 - 는
동 백-아 가 - -씨 - 그 리-움에
동 백-아 가 - -씨 - 가 신-님은
지 쳐서 울다-지 쳐 서 꽃잎- 은 빨 갛-
그 언제 그어-느 날 에 외로- 운 동백 -
게 멍 이들- 었-소 -
꽃 찾 아보- 려-나 -
Fine   D.S.

둥지

김동찬 작사
차태일 작곡
남 진 노래

여기둥지를틀 어--
지난날의아 픔은 잊어버려 - 스쳐 지나가는바람처럼 - 이
- 제너는혼 자가 아니잖아 - 사랑하는나있잖아 -
너는그냥 가 만히있어 - 다 내가해줄 게 -
현실일까꿈일까 사 실일까아 닐 까 - 헷갈리고- 서있지 마 우
사 랑이뭔지 - 그 동안몰랐 지 - 내 품 에
둥 지를-틀어 봐 내 품 에
둥지를-틀어 봐

땡벌

나훈아 작사 · 작곡
강 진 노래

A
Dm
오늘 은들 국화 - 또 내 - 일은장 미꽃 -
바람 에맴 돌다 - 또 맴 - 돌다어 딘가 -

Gm
Gm/B♭
A
C
치근 치근 치근 대 - 다가 잠이들겠 지 -
기웃 기웃 기웃 대 - 다가 잠이들겠 지 -

Dm
A
난 이제지쳤어요 땡 벌 (땡 벌) 기다 리다 지쳤어요 땡 벌 (땡 벌)

B♭
Dm
B♭
A
혼자서는이밤이 너무너무추 워요 - - -

Dm
A
당 신은못말리는 땡 벌 (땡 벌) 당 신은날울리는 땡 벌 (땡 벌)

A
Dm
G
Dm
D.C.
혼자서는이밤이 너무너무길 어요 - -

Dm
A
당 신을사랑해요 땡 벌 (땡 벌) 당 신을좋아해요 땡 벌 (땡 벌)

A
Dm
밉 지만당 신을 너무 너무 사랑해 - -

마포종점

정두수 작사
박춘석 작곡
은방울자매 노래

Trot

밤 깊 은-마 포종 점
저 멀 리-당 인리 에

갈곳없 는 밤-전 차   비에젖 어 너 도섰 고   갈곳없는-나도섰- - -
발전소 도 잠-든 밤   하나둘 씩 불 을끄 고   깊어가는-마포종- - -

다   강 - -건 너   영 등 포-에
점   여 - -의 도   비 행 장-엔

불 빛 만 아 련 한- - 데   돌 아 오 지 않
불 빛 만 쓸 쓸 한- - 데   돌 아 오 지 않

는 사 람 기 다-린 들무 엇-하 나   첫 사 랑떠나-간종
는 사 람 생각-한 들무 엇-하 나   궂 은 비내리-는종

점 마-포 는서글-퍼-라   라

목포행 완행열차

신유진 작사
임강현 작곡
장윤정 노래

막걸리 한 잔

미스터트롯 영탁

류선우 작사 · 작곡
강 진 노래

네 - - - 황소 처 럼일만하셔도 -
살림-살이는마냥 그-자 리
우 리- 엄 마 고생- 시 키는
아 버지 - 원 망 했-어요 - - - -
아빠 처럼 살긴싫 다며 -
가 슴에 대못 을박-
- 던 -
못 난 아 들을-
달 래주 시며-
따라주던 막걸리-한 잔
따라주던 막걸리-한 잔

만약에

미스터트롯 임영웅

김진룡 작사 · 작곡
조항조 노래

Trot
Em
Em
만
Em
약 에당-신이 - 그누구와 사랑에빠 지 면 그
Am
G
B7
Em
사 람을 위 해서 무얼할수 있 나 텅
다해줄수 있
Em
C
B
빈 세 상 살아 가는이유가- 만약 에너 라면 어떡 하겠니 - 사
Em
C
B7
Em
는 동 안 단한 번의사랑이- 만약 에너라면 허락하겠니 - 얼

마 나더많이 외로워해야 널 끌어안고서 울어볼 까 이
괴로워해야
제 는더이상 지칠몸조차 비 워둘마음조-차 없는 데 또
다 른이유로널 못 본다면 나 살아가는의-미도없 지 만
약 에널위해나 죽을수있다면 날 받 아 주겠 니 -
텅
만 약 에 널 위 해나 죽을수있 다 면 날
받 아 주겠 니 - 만 나

맞짱

나훈아 작사 · 작곡
나훈아 노래

세월을-이길-장사 -   어디있겠 소   어느누가 세월을 -
세월을-돈을-주고 -   살수있 다 면   누구라도 천년을 -
막을-수있겠소 -   눈한번 -깜빡이면   벌써이 만큼
사려-고않겠소 -   새벽닭 -울어대면   또 하루 시작

돌아보면 벌 써 – 저만 큼
노을꽃피면 하 루 는 안 녕
아 사랑은 – 이제부 터 –시작인 데 아
아 사랑은 – 끝나지 도 –않았 는 데 아
청춘 도 아직은 시 퍼런–데 –
청춘 도 아직은 펄 펄한–데 –
– 아아아 세월아 – 맞–짱한 –번 –뜨고 싶 다–
– –아–웃 프 –다인– 생아
세월아 – 맞–짱한 – 번 –뜨고 싶 다– 아– 아
–웃프다 –인 생아 – –

무명배우

미스트롯 송가인

윤명선 작사 · 작곡
송가인 노래

- 한방 울 또한- 방울 - 눈 물-이 흘 러내- 리죠
- 나 슬 퍼서- 아냐 - 행 복-해 서 울 죠
- 안 아-줘 요 나를 - 날많이사랑 하 -나-요-
- 당신-의 품 안에-선 나 는 주연-배 우 -
요 나를 - 날 많이사랑 하 -나 요-
- 당신-의 품 안에-선 나 는 주연-배 우 -
당신-의 품 안에-선 나 는 주연- 배 우 -

무시로

나훈아 작사 · 작곡
나훈아 노래

무정 블루스

미스터트롯 김호중

박건호 작사
김영광 작곡
강승모 노래

무조건

미스터트롯 나태주

박현진, 한 솔 작사
박현진 작곡
박상철 노래

짜짜라짜라짜라 짠 짠 짠 당 - 신을향한 나 - 의사랑은 무
- 조건무조건이 - 야 - 당 - 신을향한 나 - 의사랑은 특
- 급 사랑이야 - 태 - 평양을건너 대
- 서양을건너 인 - 도양을건너서라 - 도 - 당 - 신이부르면
달려갈거 - 야 - 무조건달려갈 - 거야 - - 짜짜라짜라짜라 짠 짠 짠
짠 짠 짠 당
거야 - - - 무조건무조건이
야 - - 짜 짜 라 짜 라 짜 라 짠 짠 짠

미워도 다시 한 번

김진경 작사
이재현 작곡
남 진 노래

배신자

미스터트롯 임영웅

백세인생

김종완 작사 · 작곡
이애란 노래

육 십세에 - 저세-상 에서- 날 데리 러오 거
든 - - - 아 직은 - - 젊 어 -서
못 간다고 전해-라 칠 십세에 -
팔 십세에 -
저세-상 에서- 날 데리 러오 거든 - - -
저세-상 에서- 또 데리 러오 거든 - - -
할 일이 - - 아 직남 -아 못 간다고 -전해 -
자존 -심 - - 상 -해 -서 못 간다고 -전해 -
라 팔 십세에 - 저세-상 에서-
라 구 십세에 - 저세-상 에서-
날 데리 러오 거든 - - - 아 직은 - -
또 데리 러오 거든 - - - 알 아서 - -
쓸 만해 -서 못 간다고 -전해 -라
갈 -텐 -데 또 왔냐고 -전해 -라

구 십세에 - 저세-상 에서- 날 데리 러오 거
백 -세에 - 저세-상 에서- 또 데리 러오 거
든 - - - 알-아서 - - 갈 테 -니
든 - - - 극락왕생 - - 할 날 -을
재 촉말라 - 전해- 라 백 -세에 -
찾 고있다 - 전해- 라 백 오십에 -
저세 -상 에서 - 날 데리 러오 거든 - - -
저세 -상 에서 - 또 데리 러오 거든 - - -
좋 은날 - - 좋 은시 -에 간 - 다고 전해- 라
나 는이미 - - 극 락세 -계 와 있 다고 전해- 라
아 - 리랑- 아 - 리랑- 아 라 - - 리 - 요 - - -
아 - 리랑- 고 개 -를- 또 넘어 간 - - 다 -
우리 모두 - - 건 강하 -게 살 아 -가 -요 - -

바람남

미스터트롯 김호중

윤명선 작사 · 작곡
김호중 노래

필 요 해 - 바람 - - 아 바람이
불 어- 남 -자- -에- 게
8 D.S. 바람 - 바람 - 바람 - -
- 휘 - 휘 -휘 휘 휘 휘휘-
바람 - - - 바람이
불- -어- 그대 - 나
우 리 에 게 - -

벤치

미스트롯 송가인 · 김나희

보라빛 엽서

미스터트롯 임영웅

김연일 작사
설운도 작곡
설운도 노래

보약 같은 친구

미스터트롯 레인보우

진시몬 작사 • 작곡
진시몬 노래

아 - - 아 아 사는-날 까-지
같이가세 - 보약같 은 - 친 구 - 야 -
사랑 도해-봤고 - 이 별도-해봤 지
사는 거 - - 별 거없 더 - 라
언제갈지모르는인 - 생 우리둘--이- 서
웃-으며- 살아-가 보- 자
같 이 가세- 보약같은- 친 구 - 야 - -

보릿고개

미스터트롯 정동원

봉선화 연정

김동찬 작사
박현진 작곡
현 철 노래

부산 갈매기

김중순 작사 · 작곡
문성재 노래

Go Go
Cm   Fm
지 금은 그 어디서 － 내 생－
지 금은 그 어디서 － 내 모－

Cm   G7   Cm   Fm
각 잊었는 가 － 꽃 처럼 －어 여쁜 그이름
습 잊었는 가 － 꽃 처럼 －어 여쁜 그이름

G7   Cm   G7   Cm
도 － 고 왔던 순이 순이야 －
도 － 고 왔던 순이 순이야 －

Cm   G7   Cm
파 도 치－는 부 두 가－에 지나 간일들이
그 리 움－이 물 결 치－면 오늘 도못잊어

A♭ Fm G7   Cm
가슴 에남았는 데 － 부 산 갈 매 기 부 산
네이 름부르는 데 － 부 산 갈 매 기 부 산

Fm   Cm G7   A♭   G7   Cm
갈 매 기 너는정 녕나 를 잊－었－나 －
갈 매 기 너는벌 써나 를 잊－었－

8   Cm   G7   Cm
나 － 부 산 갈 매 기 부 산
D.C.

Fm   Cm G7   A♭   G7   Cm
갈 매 기 너는벌 써 나 를 잊－었－나 －

비 내리는 영동교

미스트롯 송가인

정은이 작사
남국인 작곡
주현미 노래

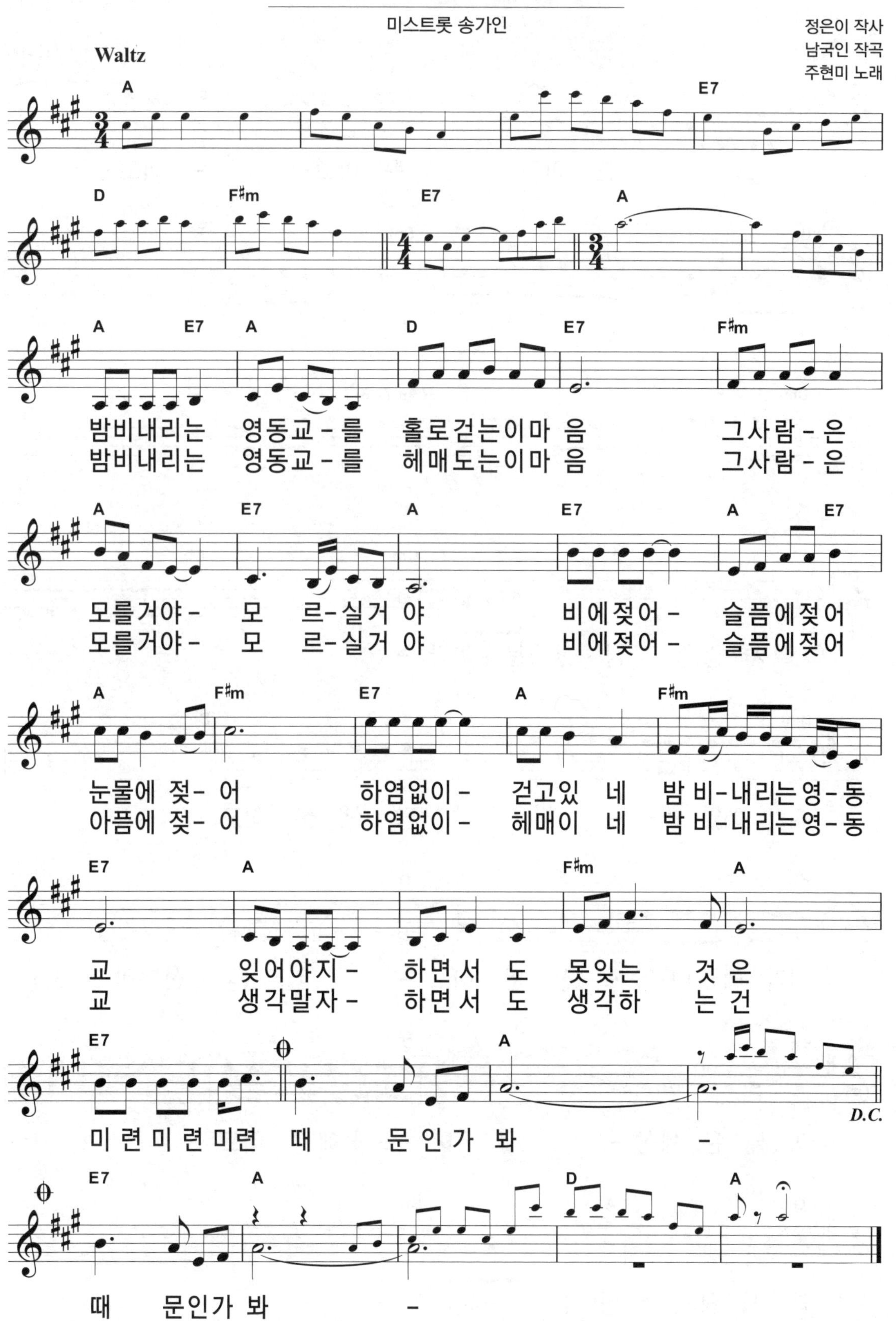

뿐이고

박현진, 한아름, 한 솔 작사
박현진 작곡
박구윤 노래

힘 든 날은 두 - 어 깨를 기 대 고 가고 -
좋 은 날은 마주-보고 가고 - - 비 - 바람 불면
- 당 신 두 손을 - 내가 내가 붙 잡 고-가고
- - 돈 없 어도 - 당신뿐이고 - 돈
- 많 아도 당 신 뿐 이고 - (당 - 신뿐이고 고)
이 넓 은 세상 - 어 -느곳에있 어도 -
내 사 랑은 당 신 뿐 - 이다 - - 뿐 이고-
뿐 이고- 뿐 이고- - - 당신뿐이 다

빈잔

조운파 작사
박춘석 작곡
남 진 노래
Slow Rock
그대의 싸늘한 눈가에 고이는 이슬이 아름다워 하염없
이 바라보 네 내마음 도 따라우 네 가 여
운 나의 여인이여 외로운 사람끼 리 아
만나서그렇게또 정이들 고 어-차피 인-생은 빈술
잔 들고 취하는 것 그 대 여 나머지 설 움은 나의
빈 잔에 채 워 주 주 나 의
빈 잔에 채 워 주

18세 순이

미스터트롯 이찬원

나훈아 작사 · 작곡
나훈아 노래

사내

미스터트롯 영탁

나훈아 작사 • 작곡
나훈아 노래

16 Beat

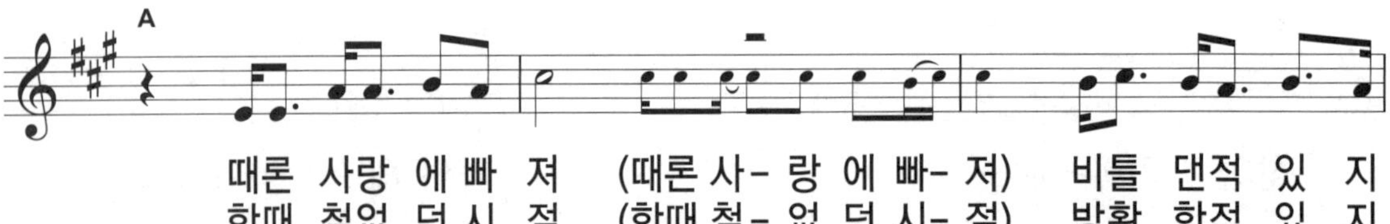

서
조마 조-마 하 면 - 서 -(조마조마하- 면

서) 설 마 설 마 하 면 서 ---- 부대 끼며 살-아 온

이세 상을 믿-었 다 (이 세 상을 믿- 었 다) 나는 나 를 믿었
미련 같은 건-없 다 (미 련 같은 건- 없 다) 후회 역 시도 없

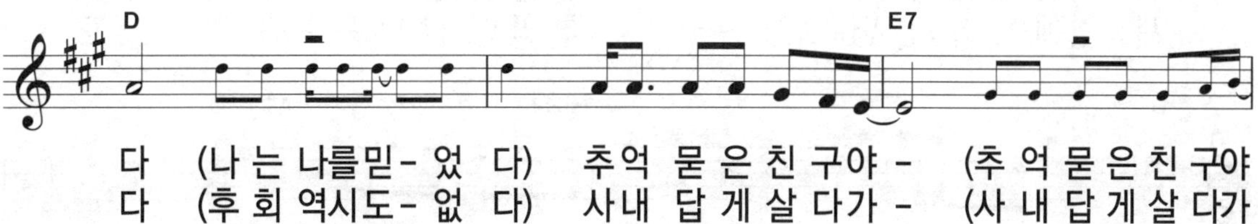

다 (나 는 나를믿- 었 다) 추억 묻 은 친 구야 - (추 억 묻은 친 구야
다 (후 회 역시도- 없 다) 사내 답 게 살 다가 - (사 내 답 게 살 다가

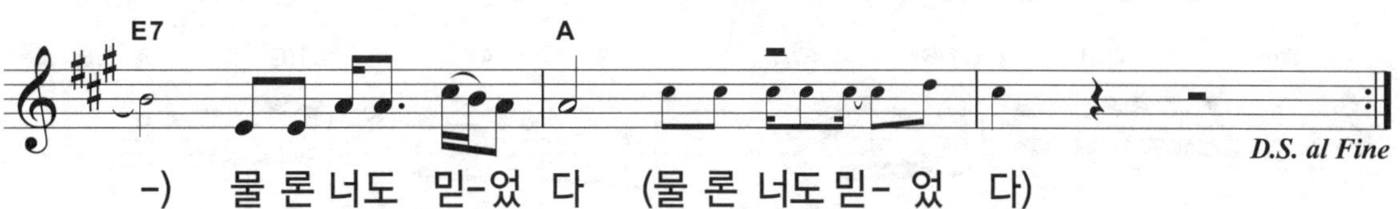

D.S. al Fine
-) 물 론 너도 믿-었 다 (물 론 너도 믿- 었 다)
-) 사 내 답게 갈-거 다 (사 내 답 게 갈- 거 다)

사는 맛

미스트롯 양지은

강은경 작사
조영수 작곡
양지은 노래

에헤라에헤라 사는 맛좋 - 구 - 나 그래사 는 거 - 야
야 - - - - 어허야 허어어 뜨야 - 뜨야허 어 어
- - 사 는게 그런거 - 죠 - 그대 걱 정마 - 요 견
디 다보 - 면 내 일은좋은날 올테니 까 - - 찬 겨 울 지 나 면
꽃 피 는 봄이 오 - 고 웃을날올 거 - 야 - 에 헤 라 에 헤 라
사 는맛 좋 - 구 - 나 - - 다 시 사 는 - 거 - 야 - -
-

사랑 참
미스트롯 홍자
신유진 작사
임강현 작곡
장윤정 노래
Slow
Am G6 FM7 Dm
E7 Am G Am G7
잡 힐 듯 잡 히지- 않
Am F G7 C
는 사 랑 이 너 무아-쉬 워--
Dm7 Am FM7 G7
다 가 가면- 더 멀 어 지는- 사 랑 참 힘 드 네 -
Am G7 Am
요 보 일 듯 보 이지- 않 는 - -
F G7 C Dm7
사 랑 이 너 무아-파 서- - 시 린 가슴-
Am F G7 Am
애 써 달 래도- 사 랑 참 힘 드 네 - 요

참을만- 해-요 괜찮--아-요 힘들면좀어 때 -
요- - 사랑을- 잃은- 아 픔 보다-
참는게더쉬- 워 요- - 들 리--나 요 사랑아
- - - 내- 슬 픈- 사랑아- 보 이--나 요 사랑아
- - - 내- 아 픈- 사랑아 - - - - -
사랑참힘드 네- 요

사랑은 나비인가봐

박성훈 작사 · 작곡
현 철 노래

사랑은 눈물의 씨앗
미스터트롯 정동원
남국인 작사
김영광 작곡
나훈아 노래
Trot
사 랑 이 무어냐고 물으신 다 면 눈 물 의 씨 앗이라고
이 별 이 무어냐고 물으신 다 면 눈 물 의 씨 앗이라고
말하겠어요 먼 훗 날 당 신-이-나 -를 버
대답할테요 먼 훗 날 당 신-이-나 -를 버
리 지-않 겠지 요 서 로 가 헤 어지 면
리 지-않 겠지 요 서 로 가 헤 어지 면
모두가 괴로워 서 울 테 -니 까---요
D.C.

사랑은 늘 도망가

미스터트롯 임영웅

강태규 작사
홍진영 작곡
임영웅 노래

움 이쫓-아 사랑 은늘도망가- 잠시 쉬 어가면좋을텐- -데--
바람 - 데-- 기 다림도- 애 태-움 도- 다
버 려 야하 는데 무얼 찾 아 이길 을- 서 성일 까 - 무 얼찾-
아 - - -여 기있- 나- - 사 랑- 아 왜 도망 -가 수 줍-
은 아이- 처-럼- 행여 놓 아 버릴까-봐 꼭 움켜 쥐지만- 그 리
움 이 쫓-아 사랑 은 늘 도망가- 잠시 쉬 -어가 면 좋을 텐-
- 데-- 잠시 쉬 어가 면 좋을-텐- 데---

사랑은 아무나 하나

이건우, 태진아 작사
작곡자 미상
태진아 노래

Trot

사랑 은 아 - 무나하 나
사랑 은 아 무나 하 나 -
사 랑 은 - 아 무나 하나 -
눈 이 라도 마주 - 쳐 야 지 -
흔 히 하는 얘기 가아 니 지 -
만 남의 기 쁨 - 도 이별 의아 품도 -
만 나고 만 나 - 도 느끼 지못 하면 -
두사 - 람이 만 - 드 는 걸
외로 - 운건 마 찬가 지 야

어느세-월-에 너와내가 만나
점 하-나를 -찍을-까 -
사랑 은 아-무나하 나 어느-누가 쉽 다고 했
나 - - 어느세-월-
에 너와내가 만 -나- 점 하-
나 를 -찍을-까 - 사랑 은
아-무나하 나 어느-누가 쉽 다고 했
나

사랑의 배터리

강은경 작사
조영수 작곡
홍진영 노래

154

당신은나의배터 - 리 - 내 겐 당신만이전부예요- - 당신이
너무좋아완전좋아 - 요 - 하나 뿐인내사랑 둘도 없는내사 - 랑
당신이짱이랍니 - 다 - 아무리힘든 날 에 도 당신만있다
면 힘들지않아 나는 슬프지않아 당신곁 이 라 면
아 - - - - 내겐 당신만이전부예요
- 당신이 너무좋아완전좋아 - 요 - 하나 뿐인내사랑 둘도
없는내사 - 랑 당신이짱이랍니 - 다 - 당신이짱이랍니
- 다 - 당신이짱이랍 - 니 다

사랑의 밧줄

미스트롯 송가인

김상길 작사
박성훈 작곡
김용임 노래

나 혼자 서 살 수가 없 - 네
아 무것 도 할 수가 없 - 네
바보같이떠난 다 니
나를두고떠난 다 니
바 보같이떠난 다 니
나를두고떠난 다 니
나 는나 는 - 어 떡하 - 라 구 -
정 말정 말 - 믿 을수 - 없 어 -
Last time Rep.
밧 줄로꽁 꽁 밧 줄로꽁 꽁 단 단히묶어 라
밧 줄로꽁 꽁 밧 줄로꽁 꽁 단 단히묶어 라
내 사랑 이 떠날 수 없 - 게 -
그 사랑 이 떠날 수 없 - 게 -
Last time Rep.
D.C.

사랑의 신호등

미스트롯 정다경

Black Edition, Bull$EyE, 소유찬 작사
Keepintouch, Black Edition, Bull$EyE, 소유찬 작곡
정다경 노래

너하나뿐야 더 이-상 은 멈추기싫어 나 를위한불빛
이되어줄래 다 른-길 은 생각안할게 이 제너 만
- 바라볼게 - 그 댄 나 의사-랑의 신 호등이야
다 른남자모두 빨 간불이야 아 오 직너에게만 초 록불이야
우 리 사랑이제 출 발할거야 나 의사-랑의 신 호등이야
지 난일은모두 빨 간불이야 아 너 와함께라면 초 록불이야
영 원 토록너와 달 려갈거야 달 려갈거야

사랑의 트위스트

이수진 작사
설운도 작곡
설운도 노래
Twist
G C D D7
G C7 G Am D7 G
G C7 G
학창시절에- 함 - 께추었던- 잊 - 지 못할 샹 하이트위스트 -
그녀와함께- 신 - 나게추던- 잊 - 지 못할 샹 하이트위스트 -
C G D G
나팔바지에- 빵 집을누비던- 추 억 속의 사 랑의트위스트 -
단발머리에- 미 소가예뻤던- 추 억 속의 사 랑의트위스트 -
C G Am D
샹하이샹하이샹하이 트위스트추면서- 난생처음 그녀를알았 고
C G C A/C# D
샹하이샹하이샹하이 트위스트추면 서- 온동 네를 주름 잡았 던
Last time Rep.
G C D G
4
사랑했던모든 사람들 - - 잊 지못할 추억의트위스트 -

사랑이 이런건가요

이수진 작사
설운도 작곡
설운도 노래

사모곡

이덕상 작사
서승일 작곡
태진아 노래

상사화

미스트롯 홍자

안예은 작사 · 작곡
안예은 노래
사 랑이왜이리 고된가요 이게맞는가요 나만
사 랑이왜이리 아픈가요 이게맞는가요 나만
이런가요 고 운얼굴한번 못보고-서 이리
이런가요 하 얀손한번을 못잡고-서 이리
보 낼수없 는 데 -
보 낼순없 는 데 -
다시돌아 올수없는 그 험한길위에- 어찌하다오르셨
소 내가가야 만했었던 그 험한길위에- 그대가왜오르셨
소 기다리던 - 봄 이오고있는데
이리 나를떠나-오 긴긴겨울 - 이
모두 지났는데 왜나를-- 떠나 가오 -

서울 가 살자

미스터트롯 장민호

C#m
1. G#m
C#m
-세월일건 데 - - -
-사랑일테 니 - - -
미련없이버리 고 서 - 울 가 살 자- - -
C#m
G#m
C#m
G#7
C#m
2. G#m
G#
그대 도놓-지 말아 요   오
C#m
G#
A
G#m
저 달 이   건 너 가-   먼저 - 비 춘 다 니-
B
C#m
A
우리무슨어-떤-걱정- - 있을까요-   그 댈   원망하 진 않 아요
E
G#m
C#m
- 이 젠- - -   그래서 또살- 아 보 는 - 세월일건 데 - - -
G#m
C#m
미련없이 버 리 고 서 - 울 가 살 자- - -   -

소양강 처녀

반야월 작사
이 호 작곡
김태희 노래

송인

미스트롯 김나희

신유진 작사
임강현 작곡
장윤정 노래

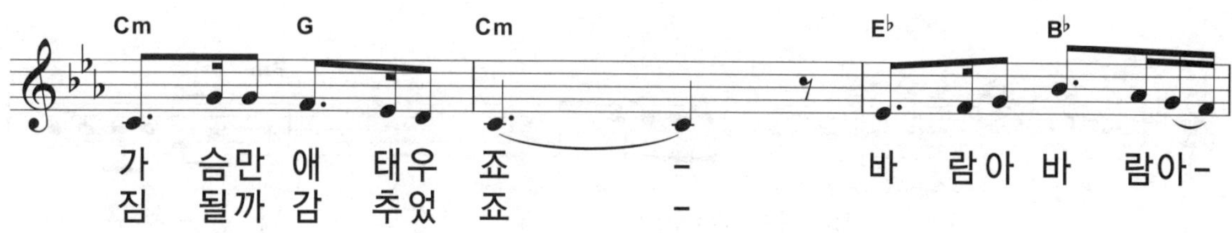

신토불이

미스터트롯 이찬원

김동찬 작사
박현진 작곡
배일호 노래

어 디가 고- 미쓰리만있 - 느냐 - 쑈 원도 의
마 네킹 이- 외제품 에춤을추네 - 쌀 - 이야 -
보 - 리야- 콩 이야팥 - 이 야 우 리몸 엔
우 리껀 데- 남 의것 을왜 찾느냐 - 고 추장 에된 장-
김 치 에깍 두기 잊 지마 라잊 지마 너와나 는한국인 신 토불 이-
- 신토불 이- 신 토불 -이야 -
D.C.
신 토불 -이야 -

싫다 싫어

이호섭 작사
박성훈 작곡
현 철 노래
Disco Trot
당신
아 닌- -다른사람 도 얼마 든 지많고많-은 데
왜하필당신만- 을 사랑 하고 이렇 게 도애를태우 나
왜하필당신만- 을 사랑 하고 괴로 움 에눈물흘리 나
2x time Rep.
싫 다싫어 - 꿈도사랑도 싫다싫어 생각을말 자
싫 다싫어 - 꿈도사랑도 싫다싫어 모 - 든것 이
당 신의거미줄에 묶인줄-도모르고 철없이보내버린 내가너-무미워서
세 가닥거미줄에 묶인줄-도모르고 철없이보내버린 내가너-무미워서
2x time Rep.
아 차해 도 뉘우쳐도 모두가 지난이-야- 기
D.C.

쌈바의 여인

이수진 작사
이영춘 작곡
설운도 노래

아모르 파티

이건우, 신철 작사
윤일상 작곡
김연자 노래
산다는 게 다그런 거지 - 누구나 빈 손 으로
인생이 란 붓을들 고서 - 무엇을 그 려 야 할
와 소설같 은 한 - 편의얘 기 들 을 세 상 에뿌리며살
지 고민하 고 방 - 황하던 시 간 이 없 다 면거짓말이
지 자신에 게 실 - 망 하 지마 - 모든걸 잘 할 순 없
지 말해뭐 해 쏜 - 화 살 처럼 - 사랑도 지 나 갔 지
어 오늘보 다 더 나은내일 이 면 돼 인생 - 은지금 - 이
만 그추억 들 눈 - 이부시 면 서 도 슬펐 - 던행복 - 이
야 - 아모 르파
티
아모 르파 티
나 이 는 숫자 마음이 진짜 가슴이 뛰는 대로 가면

돼   이제는 더 이-상슬픔이여 안녕 -   왔다갈 한번-의인생- 아
- 연 애 는 필수   결혼은 선택   가슴이 뛰는-대로 하면
돼   눈물은 이 별-의거품-일 뿐-이야   다가올 사랑 두렵지 않
아 - - -   아모 르파 티
아모 르파 티
말해뭐 해   쏜-화 살 처럼-   사랑도
지 나 갔 지 만   그추억 들   눈-이부시 면 서 도
슬 펐-던행복-이 야   나 이 는   아모 르파 티

안동역에서

김병걸 작사
최강산 작곡
진 성 노래
Go Go
바람 - 에
어차 - 피
날 - - 려 버린   허 - 무한   맹 - 세였
지 - - 워 야 할   사 - 랑은   꿈 - 이었
나 -   첫 - 눈이   내리 - 는날
나 -
안동역앞 에서 -   만나 - 자고   약 속한 사람
-    새벽 부 터

오는 눈 이 무 릎 까 지 - 덮 는

데 - 안오는 건지 -

못오는 건지 - 오 지 않 는 - 사 람
대 답 없 는 - 사 람

아 - 안타 - 까운 내마 음 만
아 - 기다 - 리는 내마 음 만

녹고 - 녹 는 다 기적 - 소리 끊어 - - 진 밤
녹고 - 녹 는 다 밤이 - 깊은 안동 - - 역 에

에 - 서 -

기다 - 리는 내마 음 만 녹고 - 녹 는 다

밤이 - 깊은 안 동 - 역에 서 -

어머나

윤명선 작사 · 작곡
장윤정 노래

E7 Am Dm E7
- 좋 아 해 요   사 랑 해 요   거짓말 처럼당신을   사
Am Dm Am E7
랑 해 - 요 소설 속에   영화 속에   멋진 주인 공은   아
Am Dm Am
니 지 - 만 괜찮 아 요 -   말 해 봐 요 -   당 신
E7 Am E7
위 해 서 라 면   다 줄 께 요
D.S.
E7 Am Dm Am
위 해 서 라 면   다 줄 께 - 요 소설 속에   영화 속에   멋진
E7 Am Dm Am
주 인 공 은   아 니 지 - 만 괜찮 아 요   말 해 봐 요   당 신
E7 Am
위 해 서 라 면   다 줄 께 요

엄지척

최비룡 작사
최고야 작곡
홍진영 노래

척   엄지엄지 척   자상하고 다 정-다-감-해   보면볼수
록   알면알수 록   매력-이   넘쳐-요   엄지엄지
척   엄지엄지 척   천생연분 내 사랑이-에-요   그냥좋아
요   왠지좋아 요   엄 지척-
엄지엄지 척   엄지엄지 척   자상하고 다 정-다-감-
척   엄지엄지 척   천생연분 내 사랑이-에-
해   보면볼수 록   알면알수 록   매력-이   넘쳐-
요   그냥좋아 요   왠지좋아
요   엄지엄지 요   엄 지척-
사랑해요내 사-랑   엄 지척-

앉으나 서나 당신 생각

김양화 작사
현 철 작곡
현 철 노래

영영

미스터트롯 영탁

나훈아 작사 · 작곡
나훈아 노래

오빠만 믿어

박진형, 윤 경 작사
박진형 작곡
박현빈 노래

오빠말만믿어라 - - - 손만잡아도 좋아 - - -
오빤너만원한다 - - - 너때문에웃 는다 - - -
속 보 이 는말 - 이 - 아 - 냐 -
너 없 이 는나 - 도 - 없 - 다 -
오빠한번믿 어봐 - - - 너만바라보 리라 - - -
평 생 토 록내 - 가 - 안 - 아 - 줄 - 게 -
- 게 - 오 빠 - 이 오 빠는 -
세 상 - 을 다 줘 - 도 - 너 와 바 꾸지 - 않 - 으
리 오빠믿어봐 줄게 - 남 자 답 게내
- 말 - 책 - 임 - 질 - 게 - 오빠

옥경이
미스터트롯 사랑과 정열
조운파 작사
임종수 작곡
태진아 노래
Shuffle
Em
B7
Am
희 미한 불빛아 – 래 –
고 향을 물어보 – 고 –
마 주 앉은당신
이 름 을물어봐
B7
Em
F#m7(♭5)
은 언 – 젠 가
도 잃어버 린
어 – 디 선 가
이 – 야 긴 가
B7
1.
2. B7
Em
본 듯 한 얼굴인 데
대 답
하지 않네 요
Em
D
C
바 라 보는눈길 이 – 젖어 있 – 구
B7
Em
Am
B7
나 – 너 도 나도모르 게 – 흘러 간
F#m7(♭5)
B7
Em
B7
– 세 – 월 아 – 어디서 무잇을하 머
Am
G
B7
Em
어 떻 게 살았는 지 물어 도 대답없
F#m7(♭5)
B7
Em
이 고 개 숙인 옥 경이 –
D.S. al Fine
184

우수

미스터트롯 정동원

정두수 작사
박춘석 작곡
남　진 노래

울긴 왜 울어

미스터트롯 이찬원

나훈아 작사 · 작곡
나훈아 노래

울면서 후회하네

미스터트롯 임영웅 · 김수찬

안치행 작사 · 작곡
주현미 노래

이별의 버스 정류장

미스트롯 송가인

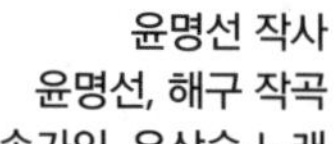

윤명선 작사
윤명선, 해구 작곡
송가인, 유산슬 노래

한 정거 장 멈 추고 지나칠때마 다 보고 싶 어
기 억이란 페이 지는 넘겨질때마 다 보고 싶 어
줄 - 사람없 는꽃다발은 또 시 들 어 가 네
사 랑은사 랑은사 랑은꿈결 처럼 와서 가장행복할- 때떠나 는 가 봐
가슴 - 시리 도록 너 의- 입 - 술 아직도나를부르네 -
사랑은사랑은사랑은이 별 을닮 아서 사랑 했었다말하네 -
사랑은내리고 이별을태우고 버스 는 달 려 가 네
사랑은내리고 이별을태우고 버스 는 달 려 가 네 버스
는 떠 나 가 네 -

이따 이따요

미스트롯 하유비 · 강예슬

박진형, MINUKI 작사
박진형 작곡
장윤정 노래

우 린아 직- 모 르는게- 너 무 나
여 자맘 을- 몰 라주 는- 남 자 는
많 아- 요- 안 돼 안- 돼- 더 다 가오 지마 세요
싫 어- 요- 안 돼 안- 돼- 오 늘 은여 기까 지만
그 래 그- 래- 더 조 금만 더천 천히 정 말나 를-
그 래 그- 래- 너 무 서두 르지 마요 정 말나 를-
원 한다 면- 아 - 껴주 세 요
원 한다 면- 아 - 껴주 세
요 아 아 아
아 아 아 아 -껴 주세 요

일편단심 민들레야

미스터트롯 임영웅
이주현 작사
조용필 작곡
조용필 노래
Go Go
님 주신밤에- 씨--뿌렸 네 - 사랑의 물 로
해 가-뜨면- 달 --이 가 고 - 낙엽- 지 니
꽃 을-피 웠 네 - 처 음 만 나 맺은 마음
눈 보-라 치 네 - 기 다 리 고 기다 리던
일 편 단 심 민들 레야 그여름- 어인광- 풍 그여름- 어인광
일 편 단 심 민들 레야 가시밭길산을넘- 고 가시밭길산을넘
풍 낙 엽 지 듯 가 --시 었 네 -
고 강 을 건 너 찾 --아 왔 소 -
행복했던장미인 생 비바람에꺾이니 - 나 는 한 떨기
- 슬 픈 민들레 야 긴 세월하루같이 하늘만 쳐다보니
그이의 목소리는 어디에서들을까 일편단심민들레 는 일편단심민들레
는 떠 나 지 않 --으 리 라 -
D.C.

잃어버린 30년

미스터트롯 이찬원

박건호 작사
남국인 작곡
설운도 노래

전복 먹으러 갈래

영탁, 지광민 작사 · 작곡
영탁 노래
♩ = 140
(N.C.) Em
Am7
B Am Em B Em
전 복먹으러갈 래－－
Em Am B B7
서해안고속도로 타고 완 도앞바다로 － 나 랑같이가볼
Em B7 Em Am7
래－－ 슬 쩍기대도돼 － 내팔을어깨위에 두르고
Am7 B B7 Em
저구름따라 － 지 금떠나볼래 － 어 느 새
C B Em
바 닷바람 시 －원하게불어오잖 아 아 좋아
C B7 Em
걱 정은마 오 －늘 은내가책임 진다 － 진 짜야 너에게
Am B7 Em 1.
좋 은것－만 주 － 고픈－맘－알 －까－ 전 복먹으러갈

래 –   할일은내일로다 미루고   이기분따라 –
훌 쩍떠나볼래 –   가자   조개구이먹으러갈
래 – –   가까운오이도도 좋아   까먹기번거로우면 –   뭐
찜 – 도괜찮 아 – –   아 님뭐든어때 –   랍스타장어새우
대게 –   둘이서간 – 다면 –   난어 – 디든좋 아 – –
어 느새   진짜로 좋 은것 – 만 주 –   고픈 – 맘 – 알 – 까 –
–   소주도한잔할래 –   안주가끝내주잖
– 아 –   이거마 – 시면우 – 리 –   사 – 귀는거 다 –

진또배기

미스터트롯 이찬원

김학진 작사
송 결 작곡
이성우 노래

C
말없 이마을 을지-켜온-
Am
진또배기-
진또배기-
Am
Dm
E7
어 허 어 허 어 허 어 허 어야디야-
Am
C
Dm
Em
풍어 와풍년 을빌-면서-
일 년-내-내- 기원하는-
풍악 을울려 라 만선이다-
신 나게춤을추자 풍년이다-
Am
E7
진또배기-
진또배기-
진 또배-기
1. Am
16
2. Am
E7
진또배기-
진또배기-
D.S. al Coda
Am
Dm
E7
Am
어 허 어 허 어 허 어 허 어야디야-
진또배기

짠짜라

정 인 작사
임강현 작곡
장윤정 노래

이 리 저 리로왔 다
요 리 조 리로갔 다
아 직 도 헷 갈 리 나
요--
짠 짠 짠-- 하게 하지 말아요
말 없 이 그냥 가세 요
짜 라 라 짜 짜 짜 짜 짠 짠 짠-- 이제
울 지 않 아 요 잘 - 가
요 안 녕 내 사 랑 짠 짠
랑 짠 짠 잘- 가
요 안 녕 내 사 랑 짠 짠
짜 라 라 짜 짜 짜
잘- 가
요 안 녕 내 사 랑 짠 짠 짠

진정인가요

미스트롯 송가인 • 김소유

200

잡초

나훈아 작사 · 작곡
나훈아 노래

Disco
아무도찾지않는 바람부는언덕－에 이름모를－ 잡초 야
한 송 이 꽃 이 라 면 향기라도있을텐－ 데 이것저것아무것도없는 잡초라
네 발 이 라 도 있 으 면 은 임찾아갈텐－ 데 손이라도있으면은
임 부－를 텐－ 데 이것저 것 아 무 것 도 가진 게없어
아무것 도 가진 게－없 네 아 무 도 찾 지 않 는
바람부는언덕－ 에 이름모를－잡초 야 한송이꽃이라면
Last time F.O.
F.O.
향 기라도있을텐－ 데 이것저것아무것도없 는 잡초라 네
D.C.

차표 한장

조동산 작사
원희명 작곡
송대관 노래

Trot
Am   Am   Dm
Dm E7 Am   F E7   Am
Am   F Am   E7
차표한장손에 들고 떠나-야하네   예정된시간 표대로 떠나야하네
Am   F E7   Am
너는 --상행선   나는하행선   열차 에몸을실었 다
E7   Am   Dm
사랑 했지 만   갈 길이달랐 다   이 별 의시간표대 로
E7   Am   F Am
떠 나 야 했 다   달 리 는 차 - 창에 비가 -내 리 네
달 리 는 차 - 창에 비가 -때 리 네
Am   E7   Am
그 리 움 이 가 슴을적 시 네   너 는 --상 행 선
그 리 움 이 가 슴을때 리 네
F E7   F E7   1. Am   2. Am
나 는 하 행 선   추 억 이 나 를-울 리 네   네
D.S. al Fine

찬찬찬

김병걸 작사
이호섭 작곡
편승엽 노래
Disco
Am Dm G C
차디 찬 -그라스 에 빨-간 -립 스 틱 음악
란 -스탠드 에 빨-간 -립 스 틱 그누
Am Dm E7 Am B♭
에 묻혀 굳 어 버린 밤깊은카페의여 인 가 녀 린 어깨위로
굴 찾아 여 기 왔나
Dm Am E7 Am E7
슬 픔이 연기처럼피어오를 때 사랑 을 -느끼면 서 다가
E7 Am E7 Dm G
서 는나를향 해 웃음 을 -던지면 서 술잔 을 부딪치며
E7 Am E7
찬 찬 찬 그러나마음줄수 없다는그말 사랑을할수없다
E7 Am A7 Dm E7
는 그말 - 쓸 쓸히 창 밖을 보니 주루룩 주루룩 주루룩 주루룩
E7 Dm E7 Am
밤 새 워 내리- 는- 빗 물 노-
12 D.S.
Am E7 Dm7 E7 Am
물 밤 새 워 내리- 는- 빗 물 -

참 좋은 날

Slow Go Go

유난히– 힘이–들던– 날　꽃이되어　별이되어　내게로 다가온당신

소리내–어울고–싶던– 날　운명처 럼　연인처럼　내게온 선물–　그대

없이 –　나도없었 고　그대 있어–　나 도있–네 –요–
없인 –　숨쉴수없 고　그대 있어–　내 가사–네 –요–

꿈 을꾸– 듯 그 대와–　걸 어갈– 게 요　하 늘까– 지　저구름 까
평 생토– 록 그 대만–　지 켜줄– 게 요　해 가되– 어　저달이 되

– 지 –　참 좋 은날–　그어 느날 우리 만 난날–　또
– 어 –

시 련이–　우릴막–을 지　–라도–　우 리　밝 게빛– 날그

– –날에–　두 손 꼭　잡 고함–께 걸 어갈– 게 요　우

1.Dm7 Gsus4 G Csus4 C Em7 A7 Dm7 F/C Bm7(♭5) E7
리   그렇 게약– 속해 –
Am /G D/F# Dm7 G Csus4 C G/B 2.Dm7 Gsus4 G Csus4 C
그대 리   그렇게약 속해–
F/A G/B C/E F C/E Dm Dm/C#
수많은계절– 들이– 피 고또저– 물어–가도– 그 대만영–원–히– 내
Dm Gsus4 G F/A G/B C G/B
사 랑인–걸 요 – –   참 좋은날– 그어 느날–눈부
Am7 /G F Dm7 G7sus4 G
신 –그–날에 – 가 슴 아린– 슬픔은모–두 잊 어버–려요– 우
Em7 A7 Dm7 F/C Bm7(♭5) E
리   함 께웃– 을수 – – 있게– 그 대 손 절 대놓–치
Am /G D/F# Dm7 Gsus4 G Csus4 C
지 않을–게요– 내 가 그댈 지킬– 게요 –
Dm7 G7 CM7
참   좋은 날입– – 니 다

천년바위

미스트롯 송가인, 미스터트롯 임영웅 · 이찬원

장경수 작사
장욱조 작곡
박정식 노래

삶 은 무 엇 인 가 - 요 - - - -
부 질 없 - 는 욕 심 - 으로 - 살 아 야
만 - - 하 - 나 - -
이 제 는 아 무 것 도 그 리 워 말 자
생 각 을 하 지 말 - - 자 - - -
세 월 이 - 오 가 는 길 목 에 서 - 서
천 년 바 위 되 - - 리 - 라 -
F.O.

천상재회

미스터트롯 김호중

김정욱 작사 • 작곡
최진희 노래

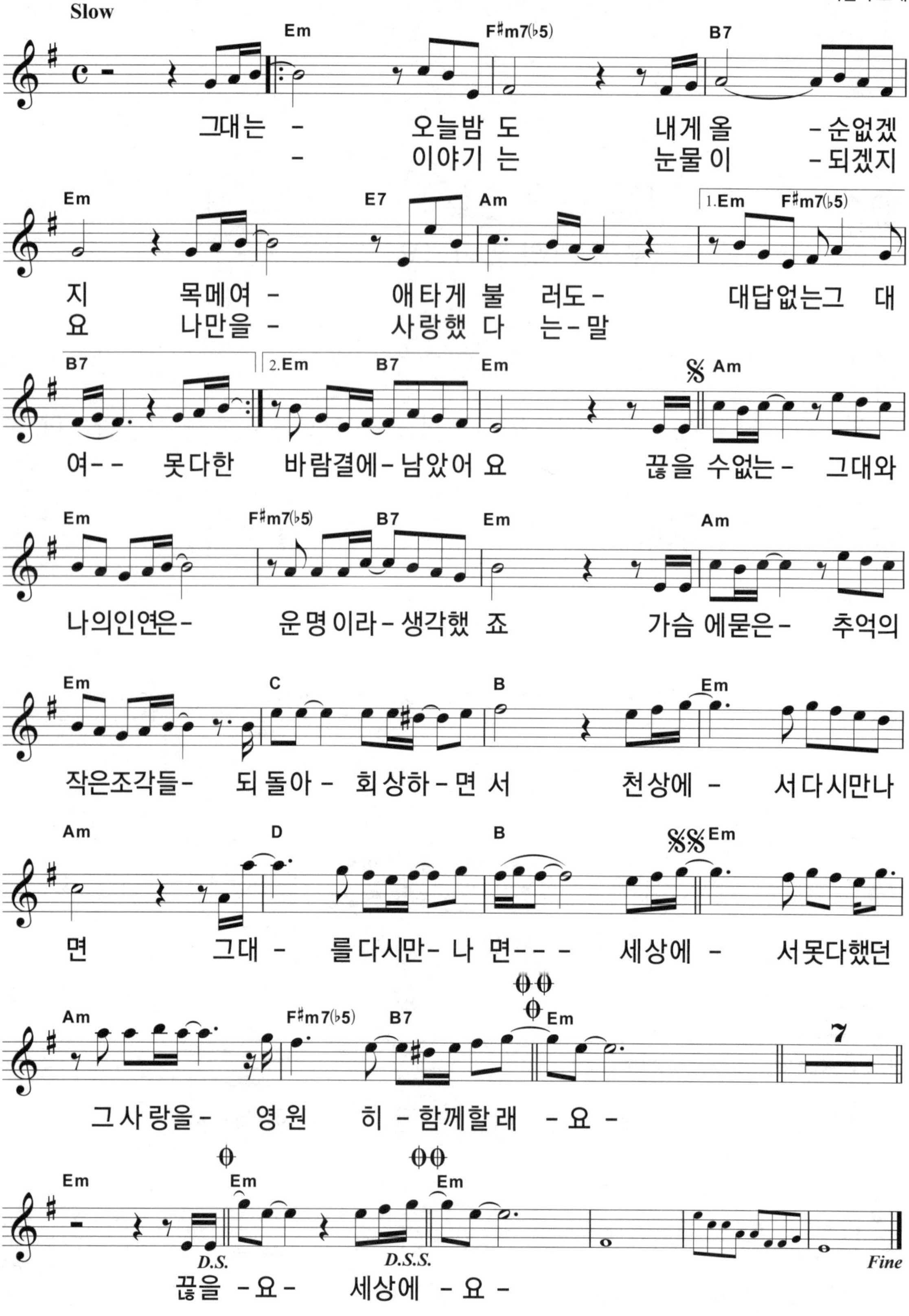
Slow
Em F♯m7(♭5) B7
그대는 - 오늘밤 도 내게 올 -순없겠
- 이야기 는 눈물 이 -되겠지
Em E7 Am 1.Em F♯m7(♭5)
지 목메여 - 애타게 불 러도 - 대답없는그 대
요 나만을 - 사랑했 다 는 - 말
B7 2.Em B7 Em Am
여- - 못다한 바람결에 - 남았어 요 끊을 수없는 - 그대와
Em F♯m7(♭5) B7 Em Am
나의인연은- 운명이라 - 생각했 죠 가슴 에묻은 - 추억의
Em C B Em
작은조각들- 되 돌아 - 회 상하 - 면 서 천 상에 - 서 다 시만나
Am D B Em
면 그대 - 를다시만 - 나 면 - - - 세상에 - 서못다했던
Am F♯m7(♭5) B7 Em
그사랑을 - 영 원 히 - 함께할래 - 요 -
7
Em Em Em
D.S. D.S.S. Fine
끊을 - 요 - 세상에 - 요 -

첫사랑

이인혜 작사
정의송 작곡
장윤정 노래

청춘을 돌려다오

월견초, 최치수 작사
신세영 작곡
나훈아 노래
Trot
청춘 - 을 돌려다 - - - 오
젊음 - 을 다 - - 오 -
흐르 는- 내 인 - 생 - 에 애원 - 이 - 란 - 다
못 다 한 그 사랑 도 태산같 - - 은 데 가는세 월 -
지 나 간 그 옛날 이
막 을 수는 없지않 느 - - 냐 청춘 - 아
내청 춘 - 아 어 딜 가 - 느 - - - -
냐 - 냐 -
16
D.C.

태클을 걸지마
미스터트롯 김호중
진 성 작사
진성철 작곡
진 성 노래

Gm   Cm   F   B♭   Cm   D
Cm   Gm   F   D7   Gm
Gm   Cm
어떻게 살았냐고 묻지를 마라 –   이리저리 – 살았을거라
Cm   B♭   F
착각도 마라 –   그래한 때 삶의 무게 견 – 디 지못해 –
D7   Gm
긴 긴 세월 방황 속에 청춘을묻었다 – 어 허 허   어허 허
F   B♭   Cm   F
속 절 없 는 세월 –   탓 해서무얼해 –   되돌릴수없 는 인 생인– 것
B♭   D   Cm   B♭
을   지금 부터 뛰어   앞 만 보고 뛰어
F   Gm   F   Gm
내인 생 에태 클을걸 지마 –   내인 생 에 태 클을걸 지마 –
D.C.

테스형

나훈아 작사 · 작곡
나훈아 노래
16 Beat
어쩌다가한바
탕
턱빠지게 웃는 다
그리 고는 아
픔을 -
그웃음에묻는 - 다 -
그저 와준 오
늘이 -
고 맙- 기는하 여도 -
죽어도 오고
마는 -
또내일이 두 렵다 -
아
테스형-
세상이 왜
이 래
왜
이렇게 힘
테스형-
아프다 세
상 이
눈
물많은 나
들어 -
아 테스형-
소크라 테
스형
에게 -
아 테스형-
소크라 테
스형

G   C   E7   Am
사랑은-또- 왜 이래- - 너자신을 알 라며-
세월은-또- 왜 저래- - 먼저가본 저 세상-
Am   E7
툭내뱉고 간 말을 - 내가어찌 알 겠소- 모르겠소 테
어떤가요 테 스형 - 가보 니까 천 국은- 있던가요 테
Am   Am
스형-
스형- 울아버지 산소 에 제 비-꽃이피
E7   Am
었다 - 들국화도 수줍 어 샛노랗게웃는 -다-
Am   E
그저 피는 꽃 들이 - 예쁘기는 하 여도- 자주오지- 못
E7   Am   G F A7/E Am
하는 - 날꾸짖는것만 -같다 아 아
D.S. al Coda
Dm   Am   E7
테스형- 아 테스형- 아 테스형-
E7   1. Am   G F A7/E   2. Am
아 테스형- 아 테스형- -

파트너
미스터트롯 장민호·정동원
이건우 작사
차태일 작곡
남 진 노래
Funky
Am Dm E7 Am
일 년 삼백 육 – 십오일동안 우린멋진파트너야 –
Am Dm E7
많 고 많은 사 –람중에최고 둘 – 도없는파트너야 –
Am Dm E7 Am
그래그래 맞아 볼 – 때마다미쳐 너무좋은파트너야 –
Am Dm C G
얼 마나 기다리고 – 기다려서 – 우리가만난 – 거
E7 Dm B7
야 첫 눈에 – 딱보는 그 순간 – 너 는이미나의
E7 D E7 Am E7
파 트 – 너 – – 그냥멀 리 서 바라 만 봐도–

E7   Am   G
두근두근내가슴은 뛰네
Come on - Come on -
Let's go - Let's go -

F   E7   Am
더 이상 어떻게 좋 아   -   일 년 삼백 육

Dm   E7   Am
- 십오일동안   우린멋진파트너야 -   많 고 많은 사

Dm   E7   Am   Am
- 람중에최고 둘 - 도없는파트너야 그대   그래그래맞아 볼
D.S.

Dm   E7   Am   E7
- 때마다미쳐   너무좋은파트너야 -그 대   너무좋은파트너야

Am   E7   Am
-그대   너무좋은파트너야 - 그 대 -   -

한 많은 대동강

미스트롯 송가인
야인초 작사
한복남 작곡
손인호 노래
Trot
Am
Dm
한 많-은 대-동 강아 변함없이
대 동-강 부-벽 루야 뱃노래 가
F E7 Am
잘-있-느-냐 - 모 란 봉아
그-립-구-나 - 귀 에 익은
Dm E7 Am E7 Am
을-밀-대 야 네모양이 그립 구나
수-심-가 를 다시한번 불-러 본다
Am E7 Am E7
철조 망이 가-로 막혀
편지 한장 전-할 길이
Am Dm E7 Am
다 시 - 만---날 - 그-때 까 지
이 다-지---도 - 없-을 소 냐
Am Dm E7 Am
아 아 아 소 식 을 물어-본 다-
썼 다 가 찢어-버 린-
Am E7 Am 12
한많은 대 -동-강-아 -
D.C.
Am E7 Am
한많은 대 -동-강-아 -
Fine

해변의 여인

박성규 작사 · 작곡
나훈아 노래

Slow Rock

물위
에 떠-있는 황혼에 종-이 배 말 없
이 바라보는 해변의 여-인아 바
람 에 휘날리는 머리 카락 사-이로 황
혼 빛에 물-들은 여--인 -의 눈-동자 조용
히 들려오는 조 개들 의 옛이야 기 말 없
이 바라보는 해변의 여-인아 물위 아

허공

정 욱 작사
정풍송 작곡
조용필 노래

Waltz

꿈이었 다 - 고 생각하 - 기 -
잊는다 - - 고 생각하 - 기 -

엔 너무나도아쉬 움 -남 아 - 가슴태 우
엔 너무나도미련 이 -남 아 - 돌아선 마

며 기다리 기 엔 너무나 도 멀어진 그 대
음 달래보 기 엔 너무나 도 멀어진 그 대

- 사랑했 던 마음도 미워했던마음 도
- 설레이 던 마음도 기다리던마음 도

허공속 에 묻어야만될 슬픈옛 이야 기 스쳐버 린
허공속 에 묻어야만될 슬픈옛 이야 기 스쳐버 린

그날들 잊어야 할 그날들 허공속 에 묻 힐그날
그약속 잊어야 할 그약속 허공속 에 묻 힐그약

들 - 속 -

회룡포

미스트롯 강혜민

고경환 작사 · 작곡
강민주 노래

화장을 지우는 여자

정찬우 작사
김정호 작곡
강 진 노래

행여만 날 그 사람 이 - 몰라볼 - 까 - 봐
가슴 이 - 두근 - 거 - 리 - 네 - -
핑크빛입 술을 그리다가 뜨거웠던 - 추억에
젖어버렸나 곱게 - 그린 두 눈 - 가에 이슬 - 맺 히
- 네 - - 사 랑을잃어버린 그녀 - (그녀 -)
하 얀 - 티 슈에 묻어나는추억 화장 을 지 우는 여 -
자 - - - - - -
1.
2.
D.S.

가시

임선아 작사
윤우현 작곡
버 즈 노래

너 없 는 지금– 도 – 눈부 신하 늘과 –
눈부시게웃 –는사람들 –
나의헤어짐– 을 – 모 르는세상은 –
슬프도 –록그대로인데 –
시간마 저데 –려 가 지 못 하게 –
아픈만 큼너 –를 잊 게 된 다면 –
나만은널보내 –지못했 나 –봐 –
차라리않고 –나면그만 인 –데 –
가시처 럼깊 –게 박힌 –기 억은 –
가시처 럼깊 –게 박힌 –기 억은 –
아 파도– 아픈줄 –모르 고
아 파도– 아픈줄 –모르 고
그 대기억이 – 지 난사랑이 – 내
안 을 –파고드 는 가 시 ––가되어 제 발가라고 –
아 주가라고 – 애 써 –도– 나를괴롭 히 는데 –

너무사랑했–던
나를
크게두려웠–던 나를
미치도록너–를
그리–워 했던– 날 이제는–놓–아 줘
보 이지않아–
내 안에 숨어– 잊 으–려– 하면할 수 록 더 ––아파와
제 발가라고–– 아 주가라 고– 애 써 –도– 나를괴롭히 는데

거리에서

윤종신 작사
이근호, 윤종신 작곡
성시경 노래

CM7   G/B   CM7   Dsus4
G   Gaug   C/G   G   Em7   G/D
니가없는거리에는– 내가할일이없어서– 마냥걷다걷다보면– 추
막다른길다다러서– 낯익은벽기대보면– 가로등속환히비춰– 지는–
A7/C#   D   G   F/G   C/G   Cm/G
억을가끔마주치지– 떠오르는너의모습– 내 살아나는그리움한– 번에– 참
고백하는니가보여– 떠오르는그때모습– 내 살아나는설레임한– 번에– 참
G   D/F#   Em   Am   D7   G   Em   Bm/D
잊기힘든사 람이– 란걸– 또 한번느껴지는하루– 어디쯤에머무는지– 또
잊기힘든순 간이– 란걸– 또 한번느껴지는하루– 아직나를생각할지– 또
C   G/B   Am   A7/C#   A   Dsus4   D
어떻게살아가는지– 걷다보– 면누–가말–해줄 것 같아
그녀도나를찾을지– 걷다보– 면누–가말–해줄 것 같아
CM7   D/C   Bm   Em   Am   A7/C#   A
이거리가익숙했던– 우리 발걸음이나란했던– 그리 운날들– 오늘– 밤나–를 찾
Dsus4   D   G   D/F#   Em   G/D
아 온다 널 그리는 널 부르는 내 하루는 – 애
CM7   Bm7   Am   D   G   D/F#
태 워– 도 마 주– 친 추 억이– 반 가 –워 날 부르는 목소 리에 돌

아보면 – 텅 빈 거– 리 어 느새–수 많 – 은니–모 습
– 만 가득해 –
부풀은내–가슴이– 밤 하늘에외–쳐본다 – 이거 리는널– 기다린–다
–고 – 널 그리는 널 부르는 내하
– 루는– 애 태 워– 도 마 주– 친 추 억이–반 가 –워 날
부르는 목소리에 돌아 – 보면– 텅 빈 거– 리 어 느새–수 많
– 은니–모 습– 만 가 득해 –

거짓말 거짓말 거짓말

이 적 작사 · 작곡
이 적 노래

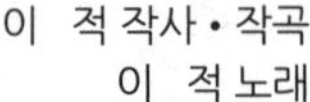

그대말 –을   철 석같– 이믿– 었었– 는데 –   우우
그대말 –을   철 석같– 이믿– 었었– 는데 –   우우

– 우 – – –   찬 바람– 에 길 은얼– 어붙 –고 –   우 –
– 우 – – –   찬 바람– 에 길 은얼– 어붙 –고 –   우 –
– 아 – – –   라 리라– 라 라 리르– 르라 –라 –   워 –

– 우 – – –   나도 새 하얗– 게얼– 어버– 렸 네
– 우 – – –   철 석같– 이믿– 었었– 는

– –우 – – – – –   나도 새 하얗– 게얼– 어버– 렸

네

우우 데   우우 –

나나   워 워 – – –   워 – – –우 – – – – – 거짓

말 거짓말 거짓 말

걱정말아요 그대

전인권 작사 · 작곡
이 적 노래

노 래 합 시 다 - 후회없이 꿈을꾸었다 말해요
지나간것은 지나간대로- 그런의미가- 있죠 -
우 리 다 함 께 노 래 합 시 다 - 후 회 없 이 꿈 을 꾸었다
말해요 지 - 나간-것은 - 지나-간- 대로
- 그런- 의-미가 - 있죠 - 우리 다- 함께-
노래 합시다- 후 회 없 이 꿈 을 꾸었다 말해요
새로운꿈을꾸었다 말해요

겁쟁이

최갑원 작사
고석영 작곡
버 즈 노래

Am Am/G F C E7
Am Am/G F Em7 Am Dm7 G
D.S.
Csus4 C F G Am7 F G7
다――― 조금 씩 커져가는사―랑 ―은 ― 한번 씩 나도몰래새―어
C Dm7 E Am Am/G FM7 Dm7
나 와서― 길을 잃은아이처 럼 울고보―채도― 터진내맘은모르겠
E7sus4 E7 C E7sus4 E7
죠 눈을감 지마요― ―나를바 라봐요― ― 당신의
Am A7sus4 A7 Dm7 E
귓 가에― 다가― 가 말 하 려 해 도 당신앞 에 설 때 면 뒷
Am Am/G FM7 F G Csus4 C F G
걸음만― 치는― 그저 난 겁 쟁이랍―니 다 그대 만 나는기다립
C G/B Am C/G F
니 다

고해

채정은 작사
송재준, 임재범 작곡
임재범 노래

용 서해 – 주 – 세 요 – 벌하 – 신다면 – 저받을게 –요 – – – 허나
그녀만은 – 제게 – 그녀–하나만– – – 허락해 – 주 – –소 서
허락해– 주– –소–서 – 어 디에–있–나 요 제 얘
–기정말–들리시나 – 요 – 그럼 피흘리는 – 가없 은제사랑은– – – –
알고–계시나요 – 용서해–주–세 요 벌하 –신다면–저받을께
– 요 – 허나 그녀만은– 제게 그녀하나만–– – 허락해– 주 소서

그것만이 내 세상

최성원 작사 · 작곡
들국화 노래

꿍따리 샤바라

김창환 작사 · 작곡
클 론 노래

나는 나비

박태희 작사 · 작곡
윤도현 밴드 노래
내모 습이 보이지않아 – 앞 길도보이지않 아 –
나 는 아주작은 애벌레 – 살이 터져 허–물벗어
– 한번두번–다–시 – 나 는 상처많 은 번데기
– 추운 겨울 이–다가와 – 힘 겨울지도– 몰라
– 봄바 람이 불–어오면 – 이제 나의꿈을– 찾아 – 날아 날개
를 활짝펴고 – 세상 을 자–유롭게 날 거 야 노래
하 며춤추는 – 나는아 름 다 운 나 비–날개를 활짝펴고
– 세상 을 자–유롭게 날거 야 노래 하 며춤추는 – 나는

236

G#m E B F# G#m E
아 름 다 운 나 비– 워우워 우– – – 워우
B F# G#m E B
워 우– – – 거미 줄을 피–해날아 –
F# G#m F#
꽃을찾아–날 아 – 사마 귀를 피–해날아 – 꽃을찾아–날 아
F# G#m E B
– 꽃 들–의 사 랑 을전하–는–나 – 비
D.S.
날개
G#m E B F# G#m E
아 름 다 운 나 비– – –
B F# G#m E B F# G#m
날개 를 활짝펴고 – 세상을 자–유롭게
3
E B A G#m E
날거 야 노래 하 며춤추는 – 나는아 름 다 운 나 비– 워우
3 3
B F# G#m E
워 우– – – 워우
F.O.

난 널 사랑해

엄승섭 작사
신성호 작곡
신효범 노래

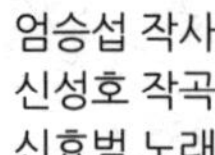

걸 - - - - 난 널 사 랑 - 해 -
- 내 마음 깊 은 곳에 - 영원 히
창 가에 기 대어 - 홀로 - 서 - - 면
밤 새 흐르 - 는 눈물 -
난 널 사 랑 해 - - 너의
모 든 몸짓 이 큰 의 미 인 걸 - - - -
난 널 사 랑 해 - - 내 마
음 깊 은 곳 에 - 영원 히

나 그대에게 모두 드리리

이장희 작사 · 작곡
이장희 노래
나그대에게 — 드릴말있 네 오늘밤문
게 — 모두드리 리 터질것같
득 드릴말있 네 나그대에게
게
은 이 내 사 랑을 — 그대위해서 라
면 나는 못 할게— 없 네 별을따다가 그
대 두손에— 가 득 드 리 — 리 나그대에게
— 드릴게있 네 오늘밤문
모두드리 리 터질것같
득 드릴게있네 — —
은 이내사랑을 — —
Fine   D.S. al Fine

낭만에 대하여

최백호 작사 · 작곡
최백호 노래

내가 만일

김범수 작사 · 작곡
안치환 노래

Slow Go Go

내가만일하늘이라면 그대얼굴에물들고싶어
내가만일시인이라면 그대위해- 노래하겠어
(D.C.)내가만일구름이라면 그대위해- 비가되겠어

붉게물든저녁 - 저노을처- 럼-- 나그대뺨에물들고싶어
엄마품에안긴 어
더운여름날의 -

린아이- 처 럼-- 나-- 행복하게노래하고싶어 세상에- 그
소나기- 처 럼-- 나-- 시원하게- 내리고싶어

무엇이라도- 그대위해- 되고싶- 어- 오늘처럼- 우리

함께있음- 이 내겐얼마나-큰기쁨 인지 사랑하는나이사람아-

너는아니- 워-- 워 이런나의 마음을- (No Rep.)지 -워-

세상에- 그음을- 워--- 이런나의 마음을- -

Bm   Em   A   F#7   1.Bm
난알고있 는데 우 리는   사랑하고 있다 는 것을   우린알고있 었지
햇빛에타 –는 향 기는   그리오래 가지 않 기에

Em   A   F#7   Bm   2.Bm
서 로를   가슴깊이 사 랑한다는– 것– 을   더높게빛 나는

Em   F#7   Bm   Bm
꿈 –을   사 랑했었 지   가고싶 어갈– 수없– 고

Em   A   D   F#7
–보고싶어볼–수없–는   영 혼속–에– 서   음–––––

Bm   Em   A   F#7
가고싶어갈–수없–고 –보고싶어볼–수없–는   영 혼속–에– 서

F#7   Bm   Em   A
음 –   우리–의사 랑은 이 렇게   아무도모 르고

F#7   Bm   Em   F#7   Bm
있는것–같아   잊어야만 하 는그 순간 까지 널 사랑 –하–고 싶 어

Bm   Bm   Em   F#7   Bm
잊어야만 하 는그 순간 까지 널 사랑 –하고 싶– 어   –

내 사랑 내 곁에

오태호 작사 · 작곡
김현식 노래

나 –의모든사 랑이– 떠 나 가는–– 날이
시 –간은멀어 집으– 로 향 해가–– 는데
당 신의– 그웃 음뒤에– 서
약 속했– 던그 대–만– 은

함 께 하–는데–
올줄을모–르고–
철 –이없는욕 심에– 그 많 은 미 련에––
애 –써웃음지 으며– 돌 아 오 는 길은– –

당 신이–있는건아 닌지–
왜 그리– 도 낮 설고–
아니겠지 요

멀기–만 한 지
저 여 린 가 지 사 이로– 혼

자 인날–느 낄때
이렇 게 아픈–
그대 기 억이– 날까

내 사랑그대- 내 곁에 있어줘- 이
세상 하나뿐인 오 직 그대-- 만이 힘 겨운날에- 너
마 저--떠나면 비 틀거-릴내- 가 안길곳은 어디에
저
비 틀거-릴 내가 안 길 곳은-어-디에 비 틀거-릴 내가 안길
곳은 어-디에

내 여자라니까

싸 이 작사 · 작곡
이승기 노래
나를동 생으－로만 － － 그냥그 정도－로만 － 귀엽다 고하－지만 －
어딜갔 다왔－는지 － － 어디가 아픈－건지 － 슬－퍼보이－네요 －
－ 누난내 게여－ 자야－ 니가뭘 알겠－냐고 － － 크면알 게된－다고 －
－ 누나답 지않－ 네요－ 무－슨 일있－냐고 － － 무－슨 일이－냐고 －
까분다 고하－지만 － － 누난내 게여－ 자야－ 누나가 누굴만 나 든지
말해보 라했－더니 － － 머릴쓰 다듬－ 네요－ 누가누 나를울 린 다면
－ 누굴만 나 뭘 하 든 지 난 그냥기 다 릴 －뿐－ － － 누난
－ 그－누 가 됐 던 간 에 난 절대참 지않 －아－ － － 누난
내 여 자 니까－ 너는 내 여 자 니까－ － － 너 － 라 고 부 를께
내 여 자 니까－ 너는 내 여 자 니까－ － 너 － 라 고 부 를께
－뭐 라고하든지 남자로느끼도록 꽉 안 아 줄 께 너－라고부를께
－뭐 라고하든지 슬픔잊혀지도록 꽉 안 아 줄 께 너－라고부를께

Am   F   Dm   G   F
-뭐라고하-든상관없 -어요- 놀라지말 -아요- ---- 알고보면어린여자
-뭐라고하-든상관없 -어요- 내품에안 -겨요- ---- 알고보면여린여자
C
라니까-
Am   F   Dm   G
D.S.
C   Am   F   G
라니까- 좋아 하니까- 이러는거 -겠지- -이러 면 안-되는거
C   Am   F   G
알아요- 좋아 하니까- 좋아 하니까- -누난 내여자니까- 너는
G   Asus4   A7   D
내 여 자 니까- 네게 미 쳤 으 니까- - - 3 미-안 해 하 지마
Bm   G   Fm   A
-난 행복하니까 널바라만봐도난 눈물이흘 러 3
D   Bm   G
너-라 고 부 를께 -뭐 라 고하-든 상 관없 -어요- 곁 에 만있
Em   A   G   D
-어요- ---- 결 국 엔 넌 내 여 자 라니까-

너를 위해

채정은 작사
신재홍 작곡
임재범 노래

G#7sus4   G#7   C#m   B7   E
붙 잡 아 야 할 테 지－만 －   내 거 친 생－각 과   불 안 한 눈－ 빛

B7   C#m   G#m7   A   B7
과   그 걸 지 켜 보－는 너 －－－－－그 건 아 마 도－ 전 쟁 같－은 사－랑 －

E   B7   C#m   G#m7
난   위 험 하－니－까 －   사 랑 －   하 니 －－－－까   너 에

A   B7   1.E   E7   A
게 서 떠 나 줄   거 － 야 －－

G#7sus4   G#7   C#m   C#m7   A

C#m   G#m7   3   A   B7
날

2.C#m   C#m7   A   F#m7   B
야－－ 오 －－－－ －   너 를 위 해 －－－   떠 날   거－

E   C#m   G#m7   A   B7   E
야－－－

너에게 난 나에게 넌

송봉주 작사 · 작곡
자전거 탄 풍경 노래

한편의아- 름다-운 추억이-되-고- 소중했던- 우리
푸르던-날을- 기억-하며 - 음 후회없-이 그림처-럼 남아주-기를
-
- 너에게난 - 해질 녘 노 을 처럼- 한편의아- 름다-운
추억이-되-고- 소중했던- 우리 푸르던-날을- 기억-하며
- 음 후회없-이 그림처-럼 남아주-기를 -
D.S.

눈의 꽃

Kenzie 작사
원곡-Satomi / Matsumoto Ryoki
박효신 노래

니 에요 – 이렇게 그댈 사랑 하 는데 – 그저내 맘 이 이럴 뿐 인 거죠
갔 나요 – 무엇이든다 해 주 고 싶은 – 이런게
라 봐요 – 그저그 대의
– 그 사랑인줄배 웠어요
혹 시그대있는 – 곳어 – 딘 지알았다면 – 겨 – 울밤별이돼 – 그대를
비 췄을 – 텐데 – 웃던 날 도눈 – 물 – 에 젖었 – 던 슬 픈밤 – 에도 – 언제
나그언제나 곁 에있 을 께요 – 지금 곁 에서 – 함 께이
고 싶 은 맘뿐 – 이라고 – 다신 그 댈 놓 지않 – 을 게 요 끝 없 이 내리 – 며 우릴
감 싸요 – 거 리가 득한 눈 꽃 속 에서 – 그 대와 내 가 슴 에조 – 금씩 작은
추 억 을 그리 – 네요 영원 히내곁에그 대 – 있 어요 –

님 그림자

김 욱 작사 · 작곡
노사연 노래

Fox Trot
저
만 치 앞서가는 님 뒤로 그 림 자 길게드린 밤 님
의 그림자밟으려 하 니 서러움이가슴에이 네 님
은 나의마음 헤 아릴까 별 만 헤듯걷는 밤 휘
황 한 달빛아래 님 뒤로 긴그 림자밟을날없 네

다행이다

이 적 작사 · 작곡
이 적 노래

그대를 만나고 – 그대의 머릿결 –을만–질수–가있 –어서–
만나고 – 그대와 나눠먹 –을밥–을지을수있 –어서–

그대를 만나고–– 그대와 마주보–며숨–을쉴– 수있 –어서–
그대를 만나고–– 그대의 저린손– 을잡–아줄– 수있 –어서–

그대를 안고서———— 힘이 들면눈–물흘–릴수–가있 –어서– 다 행–이다
그대를 안고서———— 되지 않는위–로라–도할–수있 –어서– 다 행–이다

– 그대–라 는– 아 름다–운세–상이– 여기 – 있어 줘서 –

거친 바람속–에도 – 젖은 지붕밑–에도– 홀로 내팽개–쳐져–있지–않다

–는게– 지친 하루살–이와– 고된 살아남–기가–– 행여 무의미–한일–이아–니라

–는게– 언제나 나의곁–을지–켜주–던 그대라–는놀–라운–사람 –때문– 이란

–걸 – – 그대를 만나고 – 그대의 머릿결–을만– 질수–가있 –어서–

다시 사랑한다면

강은경 작사
김태원 작곡
도원경 노래

많은 시간이– 흘러– 서로 있고지– 내도–
지난날을회–상하며 – 그때도이건– 사 랑이었–다 고 말
할수있다– 면 그 걸로된–거죠 이 젠 알아요– 너무 깊은사–랑– 은 외려
슬 픈마– 지막– 을 – 가져 온 다는 걸 그 대 여빌– 께 요 다음
번에사–랑은– 우리 같지않– 길 부디 아픔이–없 이 이 젠 알아요– 영원
할줄알–았 던 그대 와의사–랑마– 저 날 속였다는 게 그 보다슬–픈건 나없
–이그대가– 행 복 하게지–낼 먼 훗날의–모 습 나 나 아아아아
– 아아 – 내 마음 을 하늘만 –은– 알–– –기– 를

# 만남

박 신 작사
최대석 작곡
노사연 노래

Slow Rock

C
F
G7sus4 G7 F C F G7
우 –

C F G7
리   만 남은   우연 이   아니
엔   너 무한   나의 운명 –   이었 기

C G7 1. Dm
야   그것 은   우리 의   바
에   바랄수 는   없지

G7 C 2. Dm
램   이 었 어   잊-기 만   영원

G7sus4 G7 C C
을   태 우리   돌 아 보지 말

아 후회 하지 말아
아! 바보 같은 눈물 보이 지 말
아 사 랑해 사-랑해 너를 너
를 사 랑해
D.S. al Coda
돌
해 사랑해 사-랑해 너를 너 를 사랑
해

바램

미스터트롯 임영웅

김종환 작사 • 작곡
노사연 노래

것도아니고- 아주작은한마디- 지친나를 안아주-면서
사 랑 한 다 -정-말 사랑한-다는-그-말을 해준다
면 나는 사막을 걷는다해도 꽃 길이라-생각할겁니
다 우 린 늙어가는 것이아니라 조금씩 익어가는겁니
다
내가 다 우 린 늙어가는 것이아니라 조금
씩 익어가는겁니 다 저 높은 곳에- 함
께 가야할 사-람 그대-뿐 입-니 다

벚꽃 엔딩

장범준 작사 · 작곡
버스커 버스커 노래

Bm11 E7 AM7 G#m7+5 F#m11
그대여 그대여 그대 여 그대여 그대여

Bm11 E7 AM7 G#m7+5 F#m11

Bm11 E7 AM7 G#m7+5 F#m11

Bm11 E7 AM7 G#m7+5 F#m11
오늘은 우리 --같이- 걸어 요 이거 -리를

Bm11 E7 AM7 G#m7+5 F#m11
밤에들여오는 자장노래- 어떤 -가요 오 -예- 몰랐던

Bm11 E7 AM7 G#m7+5 F#m11
- 그대와 - 단둘 -이- 손잡고 - 알수
하는 그대와 - 단둘 -이- 손잡고 - 알수

Bm11 E7 AM7 G#m7+5 F#m11
없는 이-떨림과 - 둘이 걸어요 봄바람휘날리며
없는 이-거리를 - 둘이 걸어요 봄바람휘날리며

Bm11 E7 AM7 G#m7+5 F#m11
- -흩 -날리는벚꽃잎이 - -울 -려퍼질이거리를

Bm11 E7 AM7 G♯m7+5 F♯m11
우우 – 둘–이– 걸어요   봄바람휘날리며
Bm11 E7 AM7 G♯m7+5 F♯m11
– –흘 –날리는벗꽃잎이 –   –울 –려퍼질이거리를
Bm11 E7 1. AM7 G♯m7+5 F♯m11
– – – – 둘–이– 걸어요   오 –예–
Bm11 E7 AM7 G♯m7+5 F♯m11
Bm11 E7 AM7 G♯m7+5 F♯m11
Bm11 E7 AM7 G♯m7+5 F♯m11
그대여 우리 – –이제– 손잡 –아요   이거 –리 에
Bm11 E7 AM7 G♯m7+5 F♯m11
마침들려오는 사랑노래– 어떤 –가요   오 –예–   사랑
2. AM7 G♯m7+5 F♯m11 Bm11 E7
걸 어 요   바람불면 –   울렁이는 –   기분탓에

AM7   G#m7+5   F#m11   Bm11   E7
- 나도모르-게 -   바람불면 -   저편에서 -- -   그대여
AM7   G#m7+5   F#m11   Bm11   E7
니모습이자꾸겹쳐 -   오- 또   울렁이는 -   기분탓에
AM7   G#m7+5   F#m11   Bm11   E7
- 나도모르-게 -   바람불면 -   저편에서 -- -   그대여
F#7   Bm11
니 모 습 -이자 꾸 겹 쳐 -   사 랑 하 는 -
Bm11   C#m7   D
연인들이많군요   알수없는 -   친구들이많아 -요   흩날리는 -
D   E7   F#m11
벗 꽃 잎 이 많 군 요   좋 아 요   봄 바 람 휘 닐 리 며
AM7   G#m7+5   F#m11   Bm11
걸 어 요   오 - 예 -   그 대 여
E7   AM7   G#m7+5   F#m11   Aadd9
그 대 여   그 대 여   그 대 여   그 대 여
D.S.

별이여 사랑이여

이경오 작사 • 작곡
사랑의 하모니 노래
한잔 – 또한–잔을   마–셔도   취하는건 마찬가지 지
해맑은 – 눈동자로   별을헤며   사–랑을 약속했던 님
이밤도 외로움에   잠못이루고   홀로이별을센다 네
다시는 만날 수는   없 – 어–도
잊을수는 없 는 거 지   밤 하늘 에빛 나 는
별들만 큼이 나   흐르 다   맴돌 다
지 쳐버 리 면   벌써잊혀져간– 옛 사랑을
술잔에남겨놓고 –서–   말없이웃음짓는   입 가–에
별 빛만흘러 내리 – 네 –   – 네 –
별빛만 – –   흘러 내 리 네

보고 싶다

윤사라 작사
윤일상 작곡
김범수 노래

Csus4   C   F   B♭   B♭6
- 다면 - 미 칠 듯 사 랑 했던 기 억이- 추억
- 다고 -
Am7   Dm7   Csus4 C   F
- 들이- 너를 찾 고- 있지 만 더 이 상 사 랑 이 란
D7   Gm7   C7   B♭
변 명에- 너를 가 둘 수 없 - 어 - - 이러면
Am7   D7   Gm7   Csus4
안 -되지만- 죽 을 만 큼 보 고 싶- 다
B♭   Am7   Gm7   Csus4 C
F   F7   Gm7   Csus4   B♭M7   B♭m6
D.S.
보 죽을 만큼 보 고 싶- 다- -
F/A   Dm7   Gm7   C7   Fm7
죽을만큼 잊 고 싶다- - -

비 오는 날의 수채화

강인원 작사 • 작곡
김현식, 권인하 노래

Am7　Dm7　G7　Bm7-5
빗 방 울떨－어 지 는－ 그 거 리에－서서 － 그대 숨 소리－ 살아

B7　Dm7　E7　Am7　Dm7
있는 듯－ 느 껴－ 지 면 깨 끗 한붓－하 나 를－ 숨

G7　CM7　Bm7-5　E7
기 듯지－니 고 나와－ 거 리 에 투명 하게－ 색 칠 을－ 하

Am7　FM7　Em　Dm7　CM7
지 음 악이－흐 르 는－ 그 카 페 엔

Bm7-5　B7　E7sus4　E7　FM7　Em
쵸 코렛－색 물 감－으 로 － 빗 방울－ 그 려 진－ 그

Dm7　CM7　Bm7-5　B7　E7sus4　E7
가 로등－불 아 랜－ 보라색－ 물 감－으 로 －

A　D　A　C#m　C#7　F#m
세 상 사 람 모 두다－ 도 화 지 속에－ 그 려 진 풍경처럼 행복
욕 심 많 은 사 람들－ 얼굴찌 뿌린－ 사 람 들 마치 그림처럼 행복

B7　E7　Am7
하면 좋－ 겠 네 － 빗 지
하면 좋－ 겠 어 －

D.S.　D.S.S.　Fine

사람이 꽃보다 아름다워

정지원 작사
안치환 작곡
안치환 노래

지독한외 로움 – 에 쩔 쩔 매본 사람 을 – 알 게
되지 – 음 알게 되 지 – – –
그슬픔에굴하지 않고 비 켜 서지 않으 며 – 어 느
결에 반 – 짝 이 는 꽃눈 을달고 우 – 렁우렁잎들 을
키 우 는 사람이야말 로 짙푸른숲이되고 산이되 고 메 아 리 로
– 남 는 다 는 것을 – 누 가 뭐 래도 –
사 람이 꽃 – 보다아름다워 – 이 모든 외로 움

이겨 낸 – 바로 그사 람 – 누가뭐 래도 –
그 대는 꽃 – 보다아름다워 – 노 래의 온기 를
품고 사 – 는 바로그대 바로당 신 바로우 리 우린참 사랑
누가뭐 래도
D.S.
D.S.S.

사랑 비

김태우 작사
이현승 작곡
김태우 노래
사
랑했었던어떤이가 떠나간적있겠죠 모든게내탓이란 생각이든적있겠
－죠 나 그래서잡지못했죠－－ 아 － 이런아픔쯤은모두
잊을수있을거라 다른사랑이찾아 올거라생각했었 － 죠 왜
사랑의상잘열어 사랑이란기도를 전하는전화를걸 － 어 내
그런데잊질못하죠－－ 오 －－ 그저 하 늘 바라보며
맘이널찾지못해도－－ 오－－ 그저
－외치죠다시한번 나 를 사랑해줘 －내맘속작은바램 －이－
비가되어 내려오면－－ 내사랑이 머 리 에내리면
－ 추억이 되 살아－나－고 － 가 슴 에내－리－면

소중했던 사 랑이떠오르고– – 내사랑이 입 술 에닿으면
널사랑해 내 게외–치 며– – 비가 내 리–는– 그길
을 따– 라 – 걷다가걷–다 가걷 다 보 면 바라던내–가 널기 다 려
믿음이라는열쇠로 돌아가– – – 그때로– – –
내 삶 에단 한 번 기 – 도 했 던 대 로 이 렇게 – – –
외 치 며 – – – – – – – 사랑비가내려와 –
너의사랑이나의 눈 에내리 면 – 내앞에
눈 –에내리 면 –

AM7
F#m7
네 가 서 – 있 – 고 –   내 귀 에 내 – 리 – 면
나   바 라 던 – 네 가   내

F#m7
B
– 네 가 다 시 사 랑 을 속 삭 이 고 – – 널 사 랑 해
귀 를 간 – 지 럽 히 고   –   사 랑 해 사 랑 해 사

E
D#m7(-5)
내 품 에 안 으 면 –   또 다 시 행 복 해 – 지 면 –
랑 해   안 으 면 – – – –   행

F#m7
C#m
C#m7/B F#/A#
F#m/A
– 해 가 비 추 – 는 – 그 길 을 따 – 라 –
– 복 해 – 지 – 면 – –   그 길 을 따 – 라 – – –

F#m7
A
E
같 이 또 걷 – 다 가 걷 다 보 면 바 라 던 우 – 리 가 서 있 어   –
같 이 또 걷 – 다 가 걷 다 보 면 바 라 던 우 – 리 가 서 있 어   –

EM7
A
F#m7
예 예   love – 내 게 다 시 오 라 는 기 – 도 – – – love – 오 예

F#m7
A
E
한 번 더   love –   love –

사랑으로

이주호 작사
이주호 작곡
해바라기 노래

사랑 Two

이경희 작사
임준철 작곡
윤도현 노래

널 만나면– 말없이 있어도– 또 하나 의 나– 처럼– 편
안 했 던–거야– 널 만나면– 순수 한 네모습– 에 – 철
없 는아– 이처–럼 – 잊 었 던–거야– 내 겐너무소 중한
–너 – 내겐너무행 –복 한 너
복 한 너

사랑할수록

김태원 작사
김태원 작곡
부 활 노래

란걸 – 너를사 – 랑하 – 면할수록
멀 –리– 떠–나가 – 도록– 스치듯 – – 시간 의흐름속
에 – –
(G.T solo)
내
에 이제지 나간– 기억이 – 라고 떠나며
너 에게– 난아픔이었 – 다는걸– 너를사
말하– 던너에게 – 시 간이– 흘러지
랑하– 면할수록 – 멀 –리– 떠나가
날 수록– 너를사 – 랑하– 면할수록 –
– 도록– 스치듯 – 시간– 의흐름속에 –

사랑해도 될까요

심현보 작사
심현보 작곡
유리상자 노래

늘 좋은것 만줄－게 요
왠일－인지 － 낯설지－가않－아요 － 설레 고－ 있
죠 － － 내맘 을모－ 두 가 져간－그 대－ 참많은이별
－ 참많은눈물 － 잘 견 뎌냈－기 에－ 좀 늦 었지－ 만 그 대를－만나
게됐나－ 봐 요 지금내앞에 － 앉은사람을－ 사랑 해－도될－ 까요－ 두근거
리 는맘－ 으로－ 그대에게 고 백할－게 요 조심스럽게 내가그대
를 사랑해－도 － 될까 요

사랑했나봐

전해성 작사
전해성 작곡
윤도현 노래

사랑했나
못되게눈돌리며 외면 한 - 니모습모른척할래 -
한번쯤은날 뒤돌아보-며- 아파했다 믿-을래 - - 바보인가
봐 한마디못하는 - 잘지내냐 는 그쉬운인-사 도 --- 행복한가
봐 여전한미소 는 자꾸만날작 아지게만들 어 멀어 지는니모-습처럼
언젠가다른사람 만나게되-겠 지 널닮은미소짓는 -
하지만그사람은 니가아니-라 서 왠지슬플것같아 -
잊을수없는사람 - - 우 -

사랑했어요

김현식 작사
김현식 작곡
김현식 노래
돌아서눈감으면 잊을까 –
정든님떠나가면 어이해 –
발길에부딪 히는 사랑의추억
두눈에맺혀 지는 눈물이여
이제와생각하면 당신은 –
내마음깊은곳에 찾아와 –
사랑은기쁨 보다 아픔인것을
나에게심어 주었 죠
사랑 했어요 –
그땐 몰랐지만
이마음다바쳐서 당신을사랑했어요 이젠알아요
사랑이무언 지
마음이아프다는 걸 –
돌아서눈감으면 잊을까–

정든 님 떠나가면 어이해 – 발길에 부딪 히는 사랑의 추억
두 눈에 맺혀 지는 눈물이여
사랑 했어요 – 그땐 몰랐지만 이 마음 다 바쳐서
당신을 사랑했어요 이젠 알아요 사랑이 무언 지 마음이 아프다는
걸 – 돌아서 눈 감으면 잊을까 – 정든 님 떠나가면
어이해 – 발길에 부딪 히는 사랑의 추억 두 눈에 맺혀 지는
눈물이여 발길에 부딪 히는 사랑의 추억 두 눈에 맺혀 지는
눈물이여

사랑하기 때문에

유재하 작사
유재하 작곡
유재하 노래

처음 느낀그대눈–빛 은   혼자만의 – 오해 였 던가요
내 곁을떠나가–던 날   가슴에품 – 었던 분 홍빛의
커 다란그대를–향 해   작아져만 – 가는 나 이기에

해 맑은미소로–나 를   바보로만 – 들었 소
수 많은추–억–들 이   푸르게바 – 래졌 소
그 무슨뜻이라–해 도   조용히따 – 르리 오

어제는– 떠난 그대를–   잊지 못한는– 내가 미웠죠–
어제는– 지난 추억을–   잊지 못하는– 내가 미웠죠–

하지만– 이–제 깨달아요–   그대만의–나였음 – 을 다–시

돌아온그–대위해 –   내 모든것드–릴테요 – 우–리

이대로영––원히 –   헤어지지 않 으 리

나 오직그–대–만 을   사랑하기 – 때문 에

에   사랑하기– 때문 에 –

D.C. No Rep

소주 한 잔

임창정 작사
이동원 작곡
임창정 노래

원 해요 이렇게 취 할—때—면— — 꺼 져 버—
바뀌어버—
린— — 전화를 붙 잡고— — 여보 세 요나야— 거기
잘 지내니— 여 보세 요왜— 말 안 ——하니— 울
고 있니——내가—오 랜만이—라—서— — 사 랑하 는— 사
람 이—라 —서— 그 대 소 ——중한— 마 음 밀 ——쳐 낸
이 기 적 인그—때 에 나 에게— 그 대 ——를 다 시
불 러오라 —고 미친듯—이—외 쳤 어—

린– 전–화번–호 누 –르고– – 여 보세요나야– 거기 잘 지내니–
오랜만 이야–내 사 랑아– 그 대 ––를다 시 불 러오라 –고
미친듯–이–울 었어– – 우– – –– –
여 보세요나야– 정말 미 –안해–––––– 이기적인그–때
에 나에게––– 그 대 ––를다 시 불 러오라 –고 미친듯–이–외 쳤
– 어– –

서른 즈음에

강승원 작사 · 작곡
김광석 노래

오 지 만 떠 나 간 내 사랑-은 어 디 에- 내
가 떠 나 보 낸 것 도 아 닌 데 내 가 떠 나 온 것 도
아 닌 데 - 조 금 씩 잊 혀 져 간
다 머 물 러 있 는 사 랑 인 줄 알 았 는 데 또
하 루 멀 어 져 가 다 매 일 이 별 하 며 살 고 있 구
나 매 일 이 별 하 며 살 고 있 구 나
점
이 별 하 며 살 고 있 구 나 -

신부에게

이세준 작사
김산, 박승화 작곡
유리상자 노래

새하얀
드레 스 – 수 줍은발걸 – 음 꿈 꾸는 설 – 레 임 – 나
만을믿고 – 내 곁 에선 – – 소중한그 대 – 차가운
시선 이 – 우 릴막아설 – 땐 슬 퍼도 했 – 지 만 – 어 느
아침 도 – 오 후의향기 – 도 까 만밤 하 – 늘 도 – 내
새그 댄 사랑으 로날 – – 감 싸주었 죠 – – 그 대
곁에있 는 그 대로인해 – – 아름다울수있죠 – – 세 상
도 나 도 아 – 닌 다 른 이유로 아 파 해 야 했 던 – 날 참
모 든 기 쁨 – 과 슬 픔 또 사 랑 함 께 나 눌 사 람 – 을 난
아 준 그 – 대 – 약 속 할 게 요 더 – 이 상 의 – 눈 물 – 은 –
찾 은 거 – 죠 – 약 속 할 게 요 더 – 이 상 의 – 외 로 움 –

없 을 거 란 걸 – –
없 을 거 란 걸 –
눈부신 – 힘들었던 – 만큼
– 넉넉한행복 – 들을 – 드릴거예요 – 늘지금처럼 –
해맑은 – 웃음만 지어주 – 세 요 –
그 대 없 을 거 란 – 걸
세 상
모든기쁨 – 과슬픔 – 또사 랑 함께 나눌사람 – 을 난 찾은거 – 죠 – 약속
할게요더 – 이상의 – 외로움 – 없을거란 걸 – –

술이야

류재현 작사
류재현 작곡
바이브 노래

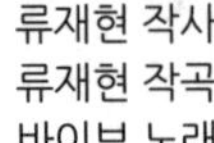

줄 이– 야   이제 난 남이야   정 말 남이야   널잃 고
이렇게– 우린– –   영 영 이–제 우리 둘–은 –
남이야 –   슬 픔 이 차 – 올 라 – 서
– – – –   한 잔 을 채 – 우 다 가   떠 난 그 – 대 가 미
– 워 서 –   나 한 참 을 훔 – 보 – 다 가 –   또 다 시
어 느 새 그 – 대 말 투 – – – –   내 가 하 – 죠 – – – –   난 늘
영영이–제우리둘–은 – – – – 술마시면취하고   나한얘기를또하고

이젠너 남인줄도모르고 너 하 나 기 다 렸 어
난늘 술이야 맨날 술이야 널잃고
이렇게 내가 힘들 줄 이야 이젠 난 남이야 정 말
남이야 널잃 고 이렇게 우리 영 영 이 제 우 리 둘은
정말 영영이제 우리둘은
남이야
저물어가 는오 늘 도 난 술이야

아내에게 바치는 노래

조운파 작사
임종수 작곡
하수영 노래

Slow

젖은 손 이애처로워 살 며-시
미운 투 정고운투정 말 없-이

잡아-본 순-간 거칠어 진손마디가 너무나도
웃어-넘 기-고 거울처 럼마주보며 살아-온

안타-까 웠-소 시린손끝에 뜨거운정성
꿈같-은 세-월 가는세월에 고운얼굴은

고 이 접 어 다져온이 행-복 여 민 옷 깃 에
잔 주 름 이 하나둘늘 어-도 내 가 아 니 면

스 미 는 바 람 땀 방 울 로 씻어온나 날 들 나 는
누 가 살 피 랴 나 하 나 만 믿어온당 신 을 나 는

다 시태어나도 당신만을 사랑-하 리-라

D.S. al Coda

사 랑 - 하 리 - 라

아름다운 세상

박학기 작사
박학기 작곡
유리상자 노래

가슴 가슴 마다 고운 사랑 모아 우리
함께 만들어봐요 아름 다운 세상
작은 가슴 가슴 마다 고운 사랑 모아
라랄 라랄 라라 샤랄 라라 랄라
우리 함께 만 들어봐요 아름 다운 세상
샤랄 라라 랄 라라라라 샤랄 라랄 라라
샤랄 샤랄 라라 라라 라라

아버지

이현승, 이기, 이봉구, 강길구 작사
이현승 작곡
인순이 노래

점 — 내가 미–워 했–었다 – 제발– 내얘– 길들
–어주–세요– 시 간 이 필요해요 – 오 — — (서로사랑을–하고
– 서 로 미워도–하고 – 누구보다– 아껴주던 – 그대 가–보고–싶다
– 가 슴 속 깊은– 곳에 – 담 아 두 기만–했 던 ——————— –그래
– 내가사–랑 – 했 었——— 다 –
긴시간이지–나고 – 말하지–못했–었 던 ——————— –그래
– 내가사– 랑 했–— 었다 ——— –

어느 60대 노부부 이야기

미스터트롯 임영웅

은 - 그렇게 - 흘러 황 혼에 - 기우-는 데
큰딸아이 - 결혼식 날 흘 리 던눈물 - 방울 이 이제
다시못올 - 그먼길 을 어 찌 혼자가 -려하 오 여기
는 모두 말 라 여보 - 그눈물을 기억 - 하 오
날 홀 로 두고 여보 - 왜한마디 말이 - 없 소
세 월이 - - 흘러감 에 흰 머 리가늘 - 어가 네 모두
다 떠난다고 여보 - 내손을꼭 잡 았 소 세월
여보 - 안녕히 - 잘 - 가시 게

여행을 떠나요

하지영 작사
조용필 작곡
조용필 노래

는 계-곡속의 흐 르는물 찾아 - 그곳으 로
여행을떠나 요 - 메 아 리 소 리가들 려오
는 계-곡속의 흐 르는물 찾아 - 그곳으 로
여행을떠나 요 - - -
- 여 행을떠 나요 - 즐 거운마음으로
- 모두함께떠 나요 - 오
메 아 리 소 리가들 려오 는 계-곡속의 흐 르는물 찾아
- 그곳으 로 여행을떠나 요 -

이등병의 편지

김현성 작사
김현성 작곡
김광석 노래

여
짧게
잘린 내 머 리 가 처음 에 는 우습다가 – 거울
속에 비친 내 –모습이 굳어 진 다 마음 까 –지 – 뒷동
산에 –올 라 서면 우리 마 을 –보일 –런 지 나팔
소리 고 요 하게 밤하 늘 에퍼 지 면 이등
병의 편 지 한장 고 이접 어보 내 오 이제
다시 시 작 이다 젊은날 의꿈 이 여 –

인형의 꿈

강현민 작사
강현민 작곡
일기예보 노래

그 대 먼곳 만
보 네요 - 내가 바로 여기있 는데 조금만 고 개 를
돌 려도 - 날볼 - 수 - 있을 텐 - 데 - 처음 엔 그대 로
좋 았죠 그 저 볼수 - 만 있 다면 - 하지만 끝없 는 기
다 림에 - 이 제난 - 지쳐가 나 봐 - 한 걸음 - 뒤 -
엔 - 항 - 상 - 내가있었는 데 그 - 대 - 영원 히 내모 - 습 볼수없 나
- 요 - 오 - - 나 를 바라 - 보며 - 내 게 손짓 - 하 - 면 - 언제
나 사랑 - - 할 - 텐 데 난 매일 꿈을 - 꾸죠 - 함

께 얘기 나누 – –는꿈– 하지만 그후 의아 –픔을– 그
대 알순– 없죠 – 한걸음–뒤– 데 사 람들은–내게 말
했었죠– 왜 그토록 한곳–만 보는 –지 난 알수없–었죠 내
마 음을– 작 은 인형– 처 럼– 그대만을 향 해있–는나 –
나
를 바라– 보며– 내 게 손짓–하–며– 언제나 사 랑 ––할 – 텐
데 한 걸음–뒤– 데 영원 히 널지––킬– – 텐데
–

잊었니

홍진영 작사
홍진영 작곡
이승철 노래

잊었 니– 날 잊어버–렸 니 그 수많은 추 억들은
잊 어버– 렸 니 가 슴은– 널 향 해팔–벌 려
오늘도 간 신히–버 티 고있– 는데 추억 이– 점 점
빛바래–가 면 너와거 닐던길–에 우두커니서– 지우고– 또
지 우려–해 도 니 숨 결 목 소리–가 귓 가에– 들 려 잊 었니
– 날잊어 버렸니– 아직 난 널 기다리–잖– 아– – 사랑이
– 또울고 있잖아– 가슴엔 – 늘눈물이–고– 여– –워–
지워 도– 자 꾸 지우려–해 도 그대얼 굴 이자–꾸

떠 오르– 네 요 ––– –   잊었 니– 날

잊어버–렸 니   수많은 추억들–은 잊어버–렸니   가슴은– 널

향해팔–벌 려   오늘도 간신히–버 티고있–는데 잊었니 여– ––– 잊었니

––– 날잊어 버렸니–   아직 난 널기다리–잖– 아– –   사랑이

– 또울고 있잖아– 가슴엔 – 늘눈물이–고– 여– –워–

지워도– 자꾸 지우려–해 도   그대얼 굴이자–꾸 떠오르–네요

지워 도– 자 꾸 지 우려–해 도   그대얼 굴 이자–꾸

떠 오르– 네 요   그대얼 굴 이자–꾸 떠 오르– 네 요

야생화

박효신, 김지향 작사
박효신, 정재일 작곡
박효신 노래

하얗게
피 어 난 얼음꽃 하 나 가 달가운 바 람 에 얼굴을
내 밀 어 아무말 못 했 던 이름도 몰 랐 던– 지나간
날 들 에 눈물이 흘 러 차가운 바람에숨어있다– 한줄기
햇살에몸–녹이다– 그렇– 게 너는–또한번내게온 –다 – 좋았던–
기 억 만 그리운– 마 음 만–– 니가 떠나간그–길위에– 이렇–게
나만 –서있– 다 잊혀질 만 큼 만 괜찮을– 만–– 큼––––만– 눈물

D♭(add2)　Fm7　B♭m7　E♭sus4　E♭　D♭
머금고기– 다린떨 림 끝에 다시 – 나 를 피우리– 라 사랑은피

D♭(add9)　A♭(add2)　D♭(add9)　E♭7sus4
고 또 –지는 타버리 는 불 꽃 빗물에젖 을 까 두눈을

D♭m/A♭　A♭　D♭(add2)/F　E♭/G
감 –는다 어 리 고 작 았 던 나 의 맘 에– 눈 부 시 게

D♭m/A♭　A♭　/C　D♭(add2)　B♭m7
빛 나 던추–억속에––– 그렇– 게 너를–또 한 번 불 러 본

E♭sus4　E♭　B♭(add2)
– 다 ––– 좋 았던 – 기 억 만 그 리 운–

Gm7　E♭(add9)　B♭(add2)/D
마 음 만–– 니 가 떠 나 간그– 길 위에– – 이 렇–게

Cm7　Fsus4　F　B♭(add2)　E♭m/B♭　B♭
나 만 –서있 –다 잊 혀 질 만 큼 만 괜 찮 을–

F/G　Gm7　E♭(add2)　Gm7
만 –– –큼 –––만 – 눈 물 머 금 고기– 다 린 떨 림 끝 에

다 시 나 는 오 메
말 라 가는 땅 위에 온 몸이 타 들어 가 고 내
손 끝에남 은 너 의향기 흩 어져 날 아 가
오 오 멀 어져 가 는너 의손을 붙 잡 지
못 해 아프 다 살 아갈 만 큼 만 미 워 했던
만 큼 만 먼훗날 너를데 려다줄 그 봄이 오 면 그 날에
나피 우 리 라 라 라 라라라라 라 라 라 라라라
라 라 라라라 라 라라라

J에게

이세건 작사
이세건 작곡
이선희 노래

좋니

윤종신 작사
포스티노 작곡
윤종신 노래

기 버 거워 니가 조금더 힘들–면 좋 –겠어– 진 짜 조–
–금 내십분의–일– 만–이 라도– 아프다– 행복 해
쳐 –
억울한가봐– 나만 힘든것같아– 나 만 무너 진–건 – 가––
고 – –작 사 랑한번따위– 나 만 유난떠는건 –지
복 –잡 해 분명 행 복바–랬어– 이렇 게 빨리– 보고 싶– 을
– 줄 좋으니 사랑–해– – 행복 해 쳐–– 혹 시 잠시–라 도
– 내가떠오르–면 갠잘지내물어–봐쳐 – 잘 지 – 내 라고답–할걸

A♭m7　Fm/A♭　B♭　G7/B　Cm7　E♭/G
- 모 두다-- 　내가 - 　잘 사 는줄-다 아 　--니까- 그 알 량-

A♭　D7(♭9)　D7　Gm7　C7(♭9)　C7　Fm7
-한 　자 존 심때-문 - 에 - 　너무 잘 사는-척후 - 　--련한- 척살 아가

B♭9sus4　B♭7　E♭(add9)　E♭M7/G　A♭M7　Fm/A♭
------- 좋아 정말-좋으니 - 　딱잊 기좋-은추 - 억정-도-니 　난

B♭　G7/B　Cm11　Cm7　E♭/G　A♭　D7(♭9)　D7
딱 　알 맞 게사-랑 하 　-지못한- 뒤 끝 있-- 는 　너의예 전남-자

Gm7　Cm7　Fm7　B♭9sus4　E♭　/G
친구 일뿐-- 스쳤던 - 　--그 저 그런 사 랑---

A♭M7　B♭　G7/B　Fm7　Gm7　A♭　D7(♭9)　D7
- 　워--- --- 우------- - 　아--

Gm7　Caug7　C7　Fm7　B♭9sus4　E♭　/G
----- -- - 우 　아

A♭　B♭　G7/B　Cm7　E♭/G A♭　D7　Gm7

F.O.

친구여

하지영 작사
이호준 작곡
조용필 노래

천년의 사랑

이현규 작사
유해준 작곡
박완규 노래

Am7   F(add2)   G   CM7   F   Esus4 E   1. FM7
년 이가도– 난 너를잊을수없어– 사랑했기때 문 에
Dm7   B♭M7   E   /G♯   Am11   Am
F   E♭dim7   Esus4
E   Am   2. Am   Am7   F(add2)
에 나 를 위 해서– 눈
G   CM7   F   Dm7   B m7(-5)   Esus4 E
물 도 참 아 야 했던– 그 동안– 에넌– 얼마–나 힘이들 었니– 천
Am7   F(add2)   G   CM7   F   Esus4 E
년 이 가도– 난 너 를 잊 을 수 없어– 사 랑 했 기 때 문
FM7   F(add2)   Esus4   E   Am
에 사랑했기때 – 문 – 에
Dm7   G7/D   Dm7   G7/D   A(add9)   8va

총 맞은 것처럼

Hitman Bang 작사 · 작곡
백지영 노래

Fm7 B♭m7 B♭m7/A♭ G♭
어떻게좀해– 줘 날좀치료해 줘 이러다내가 슴 다망――가져
1.E♭ A♭sus4 2.E♭ E A
– 구멍난가슴 이 어느새눈물― – 총 맞은것 처 럼 정말
A F#m Bm7
– 가슴이너무 아–파 오– – 이렇게아픈– 데 이렇게아픈
Bm7/A G E A
데 살수가있다 는 게이――상해 – 어떻게너를 잊 어– 내–가
A F#m Bm7
– 그런거나는 몰–라 몰라 – 가슴이뻥뚫– 려 채울수없어
Bm7/A G E A
서 죽을만큼 아 프기――만해 – 총맞은것처 럼 우――
A F#m7 Bm7
–
Bm7/A G E
F.O.

취중진담

김동률 작사 · 작곡
전람회 노래

이렇게널사랑 해ㅡㅡ 어설픈나의말이 촌스럽ㅡ
이런일없을거 야ㅡㅡ 아침이밝아 오면 다시한ㅡ

고ㅡ 못미더워ㅡ도ㅡ 그냥하는말이 아냐ㅡ 두번다 시ㅡㅡ
번ㅡ 널품에안ㅡ고ㅡ 사랑한다말할

게ㅡㅡ 자ㅡ꾸 왜 웃기만하는거ㅡ니 ㅡ

농담처럼들리니ㅡ 아무말도ㅡ 하지않고 어린애

보듯 바라보기만하니 언제 이런얘기하는그런사람은아 냐 너만큼ㅡ이ㅡ

나 나도참어색해ㅡ 너를똑바로쳐다볼수없어 자꾸만아까부터 했

던말또해미안해ㅡㅡㅡ 하지만오늘난 모두다말할거야 ㅡ

게ㅡㅡ 널사랑 해ㅡㅡ 이렇게널사랑ㅡ해ㅡㅡ

카페에서

김동주 작사
이동훈, 김영광 작곡
최진희 노래
Slow Go Go
G C G C G
D7 C Em G
나혼자이 렇게 앉아있어도- 그사람오지 않
못잊어이 렇게 찾아헤메도- 그사람소식 말
D7 G Em G Am C
네 이곳에와서 만난 그사람 지금은 왜못오시
라 나항상너를 생각 하지만 네모습 보이지않
G7 C Am G Em Am D7
나 희미한불빛 카페에서 나 눈술-잔- 에
네 희미한불빛 카페에서 나 눈술-잔- 에
Em G C A7 D7
던져버린나의모 습 받아버린너기에 잊 을수 없 어 아-
나의발길묶어놓 고 떠나버린너지만 지 울수 없 어 아-
G Em G Am C G
그 추억 아- 그 순-간 사랑의미련이어 라
오 늘도 아- 내 일-도 사랑은추억이어 라
D.C. al Coda

타타타

양인자 작사
김희갑 작곡
김국환 노래

Am Dm G7 C
네 가나를모르는데 난 들너를알겠느냐 한

F C E7
치앞도모두몰라다안다면재미없지 바 람 이

Am F Dm B♭
부는날은바람으로 비 오 면 비에젖어사는거지 그 런 거지

C Am E7 Am Dm
음음음 어 허허 산 다는건좋은거지 수

G7 C F C
지맞는장사잖소 알 몸으로태어나서옷한벌은건졌잖소

E7 Am F
우 리 네 헛 짚는인생살이 한 세 상

Dm B♭ C E7 Am
걱정조차없이살 면 무 슨 재미 그런게 덤 이잖소

D.C. al Fine

Tears

정성윤 작사
주태영 작곡
소찬휘 노래
아무일도 – 내겐없 – 는거야 – 처음부터 – 우린모
– 른거야 – 워 – – 넌그렇게 – 날 보내줄수는 없 – 겠 니 – – – –
이제라도 – 나를잊 – 어야해 – 그런모습 – 쉽진않 – 겠지만 – 아직날
기다리는 – 나 너를알아마 음 – 이 아 파

차 ―라 ―리 나를― 미 워해― 이제그만― 내
겐미련보이지 ―마――― 두번다시― 넌나를찾―지 마
――― ― 나로인해― 아 파 할테니까 ―――
― 잔인 한 ― 여자 라 ― 나를 욕 ―하지―는마 ― 잠
가져 가 ― 내게 서 ― 눈먼 너 ― 의사―랑을 ― 모
시 ―너를위 해 이별 을 택한―거 야―― 잊지는 마 내사랑
든 게집착인 걸 너도 알 고있―잖 아―― 지독했 던 사랑따
을 너 는내 안에―있 어 ― 길 진 않을거 야 슬 픔
원 모 두지 워버―려 줘 ― 길 진 않을거 야 마 지
이 가기―까 지―― 영원 히 ――
막 순간―까 지―― 사랑 해 ――
아 ― 아 ― 스와와 따이― 우 아

편지

허승경 작사
김광진 작곡
김광진 노래

사 랑 한 사 람 이여-- 더 이 상 못 보 아도---
사 실 그 대있 음 으 로 힘 겨운 날들을 견 뎌왔 음에감사하-
-오- 좋 은 사 람 만 나오-사는동 안 날잊고
사 시오 진정행복하 길 바라겠소 이맘만 가져 가
오
기나긴 이맘만가져 가 오

하얀 나비

김정호 작사
김정호 작곡
김정호 노래

신호등

이무진 작사
이무진 작곡
이무진 노래

질 려 도망 간 - 친 구가 - 뇌에맴 도네 -
건반처럼생긴 도로위- 수많은 동 그 라미 들 - 모두가
- 멈췄다굴렀다 말은잘-들어- - - 그건나 도 문 제가 - 아냐
- 붉은 색 푸른색- 그사 이 3 초그짧은시간 - 노 란
색 빛 을내-는 저기 저 신호등 이- 내 머 릿 속을텅 - 비워 버
려 내가빠른지도 - 느린 지 -도모-르 겠-어 그저 눈앞 -이 샛 노랄-뿐
야 꼬 - 질꼬질 한사람이나- 부 - 자 곁 엔아무 도없는

삼 - 색 조 명 과 이색칠위 에 - 서있어
괴 롭 하지 마- 붉은- 색 푸른색- 그사 이 3 초그짧은시간 노 란
색 빛을 내는 저기 저 신호등 이- 내 머 릿 속을 텅- 비워 버
려 내가빠른지도 - 느린 지 -도 모-르 겠-어 그저 눈앞 -이 샛노랄-뿐야
- - - - Dum da ra stu-du du du ru bye
- Du ru why- dru why - Stu bi ru bi ru bi ru rum dai -
Stu bi ru bi ru bi ru rum dai -

밤양갱

장기하 작사
장기하 작곡
비 비노래

떠 나는 길에 니 가 내 게 말했 지
너는 바라는 게 너무 나많 아 잠깐 이라 도 널안 바 라보 면
머리 에불 이 나 버린 다니 까 나 는 흐르 려 는 눈 물 을참 고
하 려 던 얘 길 어 렵 게 누르 고 그 래 미 안 해 라
는 한 마디 로 너 랑 나 눈날 들 마 무 리 했었 지
달디달고 달디달고달디단 밤 양 갱 밤 양

갱
내가먹고 싶었던건달디단 밤 양
갱 밤양갱 -이야 떠나는 길에니가
내게 말했지 너는 바라는 게너무 나많아
아냐 내가늘 바란건 하나야 한개 뿐이야 달디
단 밤양갱

모든 날, 모든 순간

어깨깡패1 작사 · 작곡
폴 킴 노래

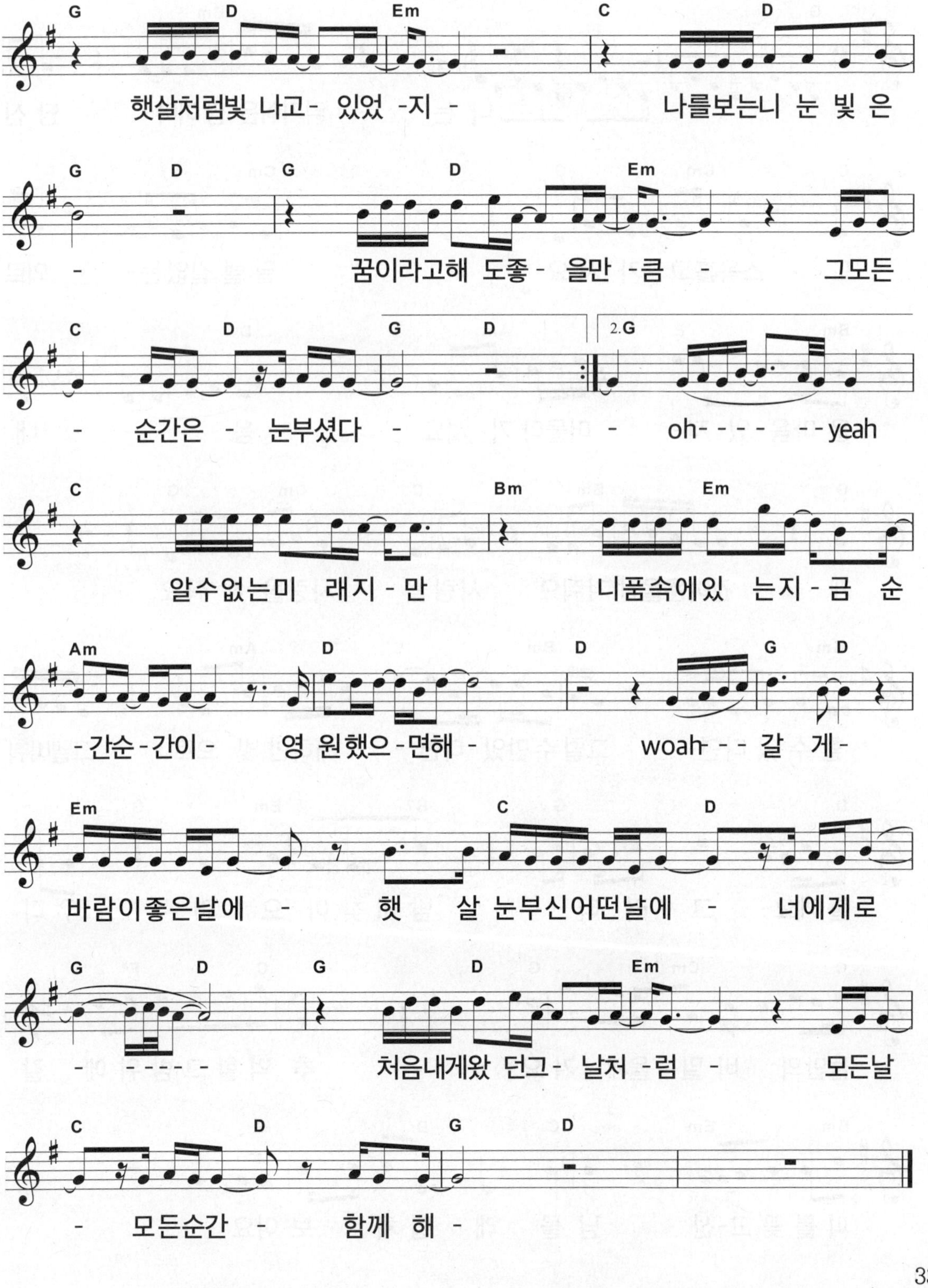
G D Em C D
햇살처럼빛 나고- 있었 -지 - 나를보는니 눈 빛 은
G D G D Em
- 꿈이라고해 도좋 - 을만 -큼 - 그모든
C D G D 2.G
- 순간은 - 눈부셨다 - - oh- - - - - - yeah
C Bm Em
알수없는미 래지 - 만 니품속에있 는지 - 금 순
Am D D G D
-간순 -간이 - 영 원했으 -면해 - woah - - 갈 게 -
Em C D
바람이좋은날에 - 햇 살 눈부신어떤날에 - 너에게로
G D G D Em
- - - - - 처음내게왔 던그 - 날처 -럼 - 모든날
C D G D
- 모든순간 - 함께 해 -

주저하는 연인들을 위해

최정훈 작사
최정훈, 김도형, 유영현 작곡
잔나비 노래

나 는 읽기쉬운 맘 이야 - 당 신
도 스윽훑고 가 셔요 달 랠 길없는 - 외로
운 마음 - 있 지 - 머물다 가 셔요 음 - - - 내
게 긴여운을남 겨줘요 사랑을 사랑을 해 줘요
할 수 있 다면 - 그럴 수 만있 - 다면 - 새하얀 빛 으로 그댈비춰
줄 게요 그 러 다 - 밤 이찾아 오 면 우 리
둘만의 비 밀 을새 겨 요 추 억할 그 밤 위에 갈
피 를 꽂고 - 선 남 몰 래 펼쳐 - 보 아요 -

나
의 자라나는 마 음을- 못 본채 꺾어버릴 순 없
네 미 련남 길바엔- 그리워 아픈 -게나아- 서둘러
안 겨본 그품은따스 할 테니- 그 러 다-- 밤 이찾 아
오 면 우리 둘만의 비밀 을새 겨요 추 억할그밤위에 갈
피를꽂고-선 남몰 래 펼쳐 보아요 언 젠가 -- 또그날이온
대 도 우린 서둘러 뒤돌 지말 아 요 마 주보던그대로 뒷
걸 음 치 면- 서 서로 의 안녕을 보아 요

흔들리는 꽃들 속에서 네 샴푸향이 느껴진 거야

장범준 작사
장범준 작곡
장범준 노래

Beautiful

- 를 아쉬워하다너 -를 연락했다할까 - 어떤계절이너
- 를 우연히 라 도 너 -를 마주치 게 할 까 - 난 이 대 - 로
- 아쉬워 하 다 너 -를 바라만 보 던 너 -를 기 다 리-면 서
- 아무말못하고 - 그리워만-할- 까 - 걷다가보면 항 상 -이렇게너
- 를 바라만 보 던 너 -를 생각한 다 고 말 할까 - 지금집앞에
기다리고 - 때론지나치고 - 다시 기다리는 - 꽃이피 는 거 리에
- 보고파 라 이 밤에 - - 걷다가보면 -

Beautiful

지 훈 작사
이승주, 황찬희 작곡
Crush 노래

Bb   Dm   Gm7   F7sus4

Bb   Dm   Gm7   F
ha   ha   -   it's a beauti - ful life

Bb   Dm   Gm7
- -   난 너 의 곁 에 있 을 게   -
- -   언 제 나 널 지 켜 줄 게   -

Gm7   Cm   Gm7/Bb
it's a beauti - ful   life - -   너 의뒤에 서있을게
it's a beauti - ful   life - -   내 게기댈수가있게

Fsus4   F   Bb
- -   huh- - -   beauti - ful love -   - - - -
- -   huh- - -   beauti - ful love -   - - - -

Dm7   Gm7   Eb   Cm
-    하늘아 - 래   너와있 - 다 - 면 -   숨 쉬 는것 -   만
-    너의눈 - 물   너의미 - 소 - 도 -   곁 에 서함 -   께

Gm/Bb   Fsus4   F
으 로도 - 좋 아   it's a beauti - ful life
할 수있 - 도 록   it's a beauti - ful life

Bb   F/A   Gm
-    beauti-ful-day -   너 의기억 - 에 서내 - 가 살 텐
-    beauti-ful-day -   미 치도록 - 널 사랑 - 했 었 던

- 데 beauti-ful life - beauti-ful day - - - - 내 곁
- 날 beauti-ful life - beauti-ful day - - - - 너 를
에 서 머 물 - 러 줘 - beauti-ful my -love- - -
잃 고 싶 지 - 않 아 - beauti-ful my -love- - -
- beauti-ful your -heart- - - - it's a beauti-ful life
- beauti-ful your
- - - - it's a beau-ti-ful life
- - - - - it's a beau-ti-ful life
-heart- - - - it's a beau-ti-ful life - 세 상 에
- - 너 와 닮 은 - 추 - 억 이 - - 또 덩 그 러 - 니 내 게 남

D/F#   Gm7   B♭/F   C/E
- 겨 져 - 있 - - - 어   whoa - - -   너 와 의
Cm   B♭/D   E♭
기 억 -   너 와 의   추 억 - - - -
E♭   B♭M7   F/A
It's a so-rrow-ful life -   sorrow-ful-day -   슬 픔 을 이
Gm   B♭/F   E♭   B♭M7
- 기 지 못 - 하 는 내 - 게   so-rrow-ful life -   sorrowful day
D   Gm   B♭/F   C/E
- - - - -   내 곁 에 서 떠 나 -   지 마   추 억 속
Cm7   B♭/D   E♭
에 내 -   가   살 지 않 도 록 -   - -   ooh - - -
E♭   B♭
ooh -   it's a beauti - ful life -

너의 모든 순간

심현보 작사
성시경 작곡
성시경 노래

이 윽고- 내가
한 눈 에너- 를알- 아 봤 을때- 모
든 건분-명 달- 라지 고 있 었어- 내세상은- 널알기 전 과 후로- 나뉘어
니 가슴-쉬 -면 따스한 바 람 이 불 어와-
니 가웃-으 면- 눈 부 신 햇 살이-비 춰- 거 기 있
어 줘서 그게 너 라서 가끔 내어- 깨에- 가만-히 -

기 대주-어-서- 나는있 잖아- 정말 빈 틈없-이 행복 -해
너 를따-라 서- 시 간 은 흐 르고-멈 춰- 물 끄 러 미 너를- 들여다
보 곤해- 그 것 말고- 는아- 무것- 도- 할 수없-어-서- 너
의 모든-순 간 - 그게 나였으-면 좋겠 -다 생 각만-해 도- 가 슴 이
차올라 나는- 온통 -너 로 -
보 고있-으 -면 왠지
꿈처럼아득한것- 몇 광년-동안-날향해 날아온-별빛-
또 지금-의 너- 거 기 있 어 줘서- 그게 너 라서- 가

끔 나에- 게 조- 용하-게 - 안 겨주-어-서- 나는있 잖아- 정말
남김없-이 고마 -워 너를따-라 서- 시간은 흐르고-멈 춰- 물끄러
미 너를- 들여다 보 곤해 - 너 를 보는- 게나- 에게- 는
사 랑이-니-까- 너의 모든-순간 - 그게 나였으-면좋겠 -다
생 각만-해도- 가슴이 차올라 나는- 온통-너로 -
니모든 순 간 나였 으면

헤어지자 말해요

박재정 작사
박재정, 박현중 작곡
박재정 노래

헤어지자- 고말-하려 - 오늘- 너에게 가다가 -우리- 추억
생 각해-봤어- 처음본 네얼굴 - 음-- 마주친 눈동자 -우-워- 가까
스 로 본 너 의 그미-소들 - 손을잡고 - 늘걷-던 거
- 리에- 첫눈을 보다가 -문 득- 고백 했던그-순 간- 가보고
싫었던 - 식당 - 난생처음준비한 -선-물- 고맙 다 는 너 의
그 눈물-들이 - 바뀔 까 봐두-려 워- 그 대 먼 -저 헤어 -지자

Dm7   F/C   B♭M7   F/A   Gm7   B♭/C   C/B♭
말 해요- 나는사 실 그대에게 좋은사 람 이아-네 요- - - 그 대

F/A   A7   E♭7   Dm7   F/C   B♭M7   F/A   Fm/A♭
이 -제 날떠 -난다말 해요- 잠시라도 이 -행복을- 느껴서

1. Gm7   C7   F
고 마웠-다 고 - 시간이지- 나고 - -나면

Em7   A7   Dm7   Cm7   F7sus4 F/A
- 나는- 어쩔수 없을걸 -문득- 너의 사 진보-겠지- 새로사

B♭M7   B♭m   Am7   D7
귄친구 - 함께- 웃음띤 네얼굴 -보-면- 말할 수 없 을 묘

Gm7   F/A   B♭   G7/B   B♭/C   C/E   2. Gm7   B♭/C   B7
한 감정-들이 - 힘들 단 걸알-지 만- 그 대 고마웠-다고- - - -우워

B♭M7   C/B♭   Cm7   D7
- - 한번은널볼 수있-을 - 까 이기적인- 거나 -도 잘

알아- - - 그땐 그 럴수-밖에 - 없던어 린 내 -게
한 번만-더 기 회를-주- -길 -
그 댈 정 -말 사 랑 -했 다말 해요- 나는사
실 그대에게 좋은사 람 이되-고 싶 - -었어 - - - -
영 -영 다 신 -못본다 해도- 그댈위한 이 -노래가- 당신을
영 원히 -사랑- 할 테니-

나는 반딧불

정중식 작사
정중식 작곡
황가람 노래

몰랐-어요 난 내가 개 똥벌레라는것을- 그래도 괜 찮아- 난빛 날 -테니까
나는내가 빛 나는 별인 줄 알았 어요 한번
도 의심한 적없- 었 죠 몰랐-어요 난 내가
벌 레 라는 것을 그래도 괜 찮아- 난눈 부 시니까 - 한참
동 안 찾 았 던 내 손 톱 하늘로 올 라가 조
승 달 돼버 렸지 주워 담을 수도 없게 - 너무 멀 리 갔죠 누가
저기 걸-어났 어 누가 저기 걸-어났 어 우주 에 서 무주로

Am   F   G
날   아온   밤하늘 의 별 들이-   반딧 불 이 돼버 렸지   내가널
E   Am   F
만 난 것 처럼-   마치약 속 한 것 처럼-   나는 다 시 태어났지   나는
G   C   E
다 시 태어 났지   나는내가   빛 나는 별
Am   F   G   C
인 줄 알았 어요   한번 도   의심한 적없- 었 죠
C   E   Am   F   G
몰랐-어요   난 내가   벌 레 라는 것을   그래도 괜 찮아- 난눈 부 시니까
C   E   Am
하늘에서   떨 어진 별인 줄 알았 어요   소원
F   G   C   E
을   들어주 는 -작은 별   몰랐-어요   난 내가 개
Am   F   G   C
똥 벌레 라는것을 -   그래도 괜 찮아- 난빛날   테니까 -

오랜 날 오랜 밤

이찬혁 작사
이찬혁 작곡
악 뮤 노래

Fm   Fm6   Em7   Am7
곁 에 - 서   만 있 어 도   행 복 - 했 단 - 걸   그

Dm7   B♭   G
사 실 까 - 지 -   나 쁘 - 게 추 - 억 말 - 아 - 요 -   오 랜

C   CM7   C7   F
날   오 랜 밤 - 동 안   정 말 사 랑 했 - 어 요 -   어

Fm   Em7   Am   Dm7   B♭
쩔 수 없 - 었 다 는 - 건 말 도 안 될 거 - 라   생 각 하 겠 - 지 만 믿 게

C   CM9   C7   F
날   기 억 하   지 는 말 아 줄 - 래 요 -   아

Fm   Em7   Am7   Dm7
직 도 잘 - 모 르 겠 - 어 당 신 - 의 흔 적 - 이   지 울 수 없

1. B♭   G7   C   Fm   B♭7
- 이   소 - 중 - 해 -

잘자 -요안녕 - 그말 -끝으로 - 흐른
-시간은오 랜날 - 같았어 - 우린서로에 게 깊어져있었
고 난그게두려 워 넌가 -만있고 - 나도
그러했던 - 순간 -은우리오 랜날 - 함께한 - 시간을아무
런 의미도없듯 이 추억만하게 하 겠 -죠 - 그 대
곁 이면 - 그 저 곁 에 -서 만 있 어
그 대 곁 이 면
도 보고-싶고 또행복-했어 그 건 -진 심 - -이 었 -

소 오랜 -이- 소 -중 -해 - 하늘이 참뿌-옇고
- 맘을다 잡아 - 야 하 - 죠 이 젠 마
지 막목 - 소 - 리 - 마 지 막 - 안녕
밉게 날 기 억 하 지 는 말 아줄 - 래 요 - 아
직 도잘 - 모르겠 - 어당신 - 의흔적 - 이 지울수없
- 이 소 - 중 - 해 -

히트송 - 트로트(가요) 모음

최신 히트송·트로트·포크
K·POP

발행인 남　용
편저자 일신음악연구회
발행처 일신서적출판사
주　소 서울시 마포구 독막로 31길 7
등　록 1969년 9월 12일 (No. 10-70)
전　화 (02) 703-3001~5 (영업부)
　　　 (02) 703-3006~8 (편집부)
F A X (02) 703-3009
I S B N 978-89-366-2876-5 (93670)

이 책에 수록된 곡들은 저작권료를 지급한 후에 제작, 출판하였으나 일부의 곡은
저작자 또는 저작권 대리권자에 대한 부분을 여러 매체나 기관을 통해 알아보려고
노력하였으나, 해당곡에 대한 저작자 및 저작권 대리권자에 대한 부분을 찾지
못하였습니다.
하지만 부득이 해당곡들을 사용하고자 하오니 부디 선처하여 주시기를 바랍니다.
추후 저작권 및 저작권 대리권자께서 본사로 연락을 주시면 곡의 사용에 대한
저작권법 및 저작자 권리단체의 규정에 따라 조치를 취할 것을 약속 드립니다.
저작자의 권리는 존중되어야 합니다.
부득이 저작권자의 승인없이 저작물을 사용하게 되어 대단히 죄송합니다.

©ILSIN 2024
www.ilsinbook.com